KB167388

_____ 학교 ____ 학년____ 반 _____ 의 책이에요.

'체험학습'이란 책에서나 수업 시간에 배운 지식을 실제 현장에서 직접 경험해 보는 공부 방법이에요. 단순히 전시된 물건을 관람하거나 공연을 보는 것이 아니라 학습을 하기 전에 미리 필요한 정보를 조사하는 것까지를 포함한 모든 활동을 의미해요. 어떻게 공부할 것인지를 준비하면 그렇지 않은 경우보다 훨씬 더 많은 것을 보고 느끼게 되겠지요. 이 책은 체험학습을 하려는 어린이들에게 좋은 길잡이 역할을 할 거예요.

❶ 가기 전에 읽어 보세요

이 책은 체험학습 현장을 어린이들이 쉽게 이해할 수 있도록 풀이한 안내서예요. 어린이들이 직접 체험학습 현장을 찾아가는 데 필요한 정보가 들어 있어요. 체험학습 현장을 가기 전에 꼼꼼히 읽어 보세요.

❷ 현장에서 비교해 보세요

생물의 세계란 어떤 것인지 표본과 함께 알아보고, 우리나라의 생태계 모습과 생물자원의 가치와 활용에 대해 살펴보아요. 전시물을 관찰하고 만져 보면서 자연환경과 생물자원의 소중함을 느끼는 기회가 될 거예요.

❸ 스스로 활동해 보세요

이 시리즈는 단지 지식을 전달하기 위한 교양서가 아니에요. 어린이 여러분이 교과서로 수업 시간에 배운 내용을 실제 현장에서 직접 체험하며 익힐 수 있도록 다양한 활동 내용을 담았지요. 책 중간이나 뒷부분에 이해를 돕기 위한 활동이 있으니 꼭 스스로 정리해 보세요.

❹ 견학 후 활동이 다양해요

체험학습 후에는 반드시 견학 후 여러 가지 활동을 해 보세요. 보고서 쓰기, 신문 만들기, 그림 그리기 등을 통해 체험학습에서 보고 들은 내용을 다시 한번 정리하면 알찬 체험학습이 될 거예요.

신나는 교과 체험학습 65

모든 생물은 소중한 자원이에요 국립생물자원관

초판 1쇄 발행 | 2008. 10. 22.
개정 2판 4쇄 발행 | 2023. 11. 10.

글 국립생물자원관 전시교육과 교육팀 | 그림 김명곤 | 감수 국립생물자원관 생물자원연구부

발행처 김영사 | **발행인** 고세규
등록번호 제 406-2003-036호 | **등록일자** 1979. 5. 17.
주소 경기도 파주시 문발로 197(우-10881)
전화 마케팅부 031-955-3100 | 편집부 031-955-3113~20 | 팩스 031-955-3111
사진 국립생물자원관 주니어김영사 전세영

값은 표지에 있습니다.
ISBN 978-89-349-9248-6 64000
ISBN 978-89-349-8306-4 (세트)

좋은 독자가 좋은 책을 만듭니다. 김영사는 독자 여러분의 의견에 항상 귀 기울이고 있습니다.
전자우편 book@gimmyoung.com | 홈페이지 www.gimmyoungjr.com

어린이제품 안전특별법에 의한 표시사항
제품명 도서 제조년월일 2023년 11월 10일 제조사명 김영사 주소 10881 경기도 파주시 문발로 197
전화번호 031-955-3100 제조국명 대한민국 ⚠주의 책 모서리에 찍히거나 책장에 베이지 않게 조심하세요.

모든 생물은 소중한 자원이에요

국립 생물자원관

글 국립생물자원관 전시교육과 교육팀   그림 김명곤   감수 국립생물자원관 생물자원연구부

주니어김영사

차례

국립생물자원관에 가기 전에

미리 준비하세요

《국립생물자원관》책, 필기도구, 카메라, 차비와 필요한 경비

미리 알아 두세요

관람 시간	오전 9시 30분 ~ 오후 5시 30분 (마지막 입장 시간: 오후 5시)
쉬는날	매주 월요일, 1월 1일, 추석 · 설날 당일
관람료	무료
문의	032) 590–7190
주소	인천광역시 서구 환경로 42(경서동 종합환경연구단지)
홈페이지	www.nibr.go.kr

가는 방법

공항철도 이용 시
청라국제도시역 하차 → 111번 버스 승차 → LG전자㈜ 정류장 하차 후 도보로 20분 이동

인천지하철 2호선 이용 시
아시아드경기장역(공촌사거리) 하차 → 111번 버스 승차 → 국립생물자원관입구 정류장 하차 후 도보로 20분 이동

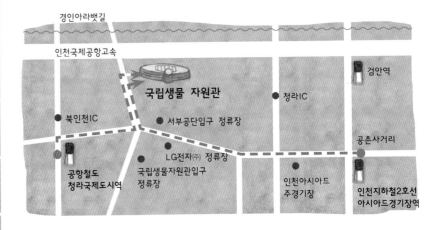

국립생물자원관은요······

　우리 주변에는 다양한 동물과 식물들이 살고 있어요. 그리고 우리 눈에는 보이지 않는 작은 생물도 많아요. 이런 생물들은 인간에게 도움을 주기도 하고 해를 입히기도 하면서 우리와 밀접한 관계를 맺고 있어요. 이렇게 인간이 살아가는 데 필요한 모든 생물을 생물자원이라고 부르지요.

　요즘 세계 여러 나라에서는 생물자원의 중요성을 인식하고 이를 지키기 위해 많은 노력을 기울이고 있어요. 우리나라는 2007년에 국립생물자원관을 만들어 생물자원을 확보하기 위해 노력하고 있어요.

　우리나라에서 나고 자라는 자생생물 표본을 수집하여 19개의 수장고*에 보관하고 있는 국립생물자원관은, 수장고의 규모로는 동양 최대예요. 이 가운데 1천500여 종 6천여 점을 전시관에 소개하고 있어요. 그리고 우리의 산과 강, 바다 등 자연 생태계를 그대로 재현해 놓았어요. 이렇게 국립생물자원관은 우리나라의 자연과 생물을 매우 다양하게 접하면서 소중함을 느낄 수 있는 체험 공간이에요.

* **수장고** : 박물관이나 전시관에 있는 귀중한 유물이나 표본 등을 보관하는 창고를 말해요.

우리나라 생물자원을 찾아볼까?

한눈에 보는 국립생물자원관

국립생물자원관에 들어서면 크고 작은 나무들로 둘러싸인 건물 세 채가 나와요.

먼저 보이는 작은 건물은 동식물을 키우는 보존온실 · 사육동이고, 그 다음의 큰 건물은

우리나라 생물자원의 표본을 보관하고 연구하는 수장연구동이에요. 마지막 건물이 우리가

보려고 하는 전시관*이에요. 이곳에서 우리나라의 생물자원을 한눈에 볼 수 있지요.

야외 공간도 함께 둘러보고 우리나라의 생물자원을 찾는 탐사를 떠나 보세요.

* 전시관의 원래 이름은 전시교육동인데, 주로 전시관이라고 불러요.

야외체험학습

살아 있는 동식물을 보며 생물자원에 대해 체험해 보는 공간이에요. 침엽수 지역, 활엽수 지역, 약용식물원, 희귀식물원, 야생화단지 등에서 다양한 식물을 관찰할 수 있으며 생태연못, 미로원, 놀이터 등에서는 직접 만지고 놀이할 수 있어요.

전문가 해설을 들어 보세요!

국립생물자원관에서는 전시관의 표본과 전시물에 대해 쉽게 설명해 주는 전문가 해설 프로그램을 운영하고 있어요. 하루 2회 정기적으로 프로그램을 운영해요. 평일에는 예약을 해야 따로 해설을 들을 수 있답니다.

이런 순서로 둘러보아요!

1층 제1전시실 → 2층 제2전시실 → 2층 제3전시실
→ 곶자왈생태관 → 체험학습실 → 전시관 밖의 야외체험학습

전시관 2층

전시관의 2층에는 제2전시실과 제3전시실이 있어요. 이곳에는 한반도 여러 생태계를 고스란히 옮겨 놓았고, 자연환경을 직접 체험하며 알아볼 수 있어요. 그리고 생물자원이 어떻게 이용되며, 보전 방법은 무엇인지 알려 주는 전시물을 보면서 우리 주변의 생물자원이 얼마나 중요한지 살펴보아요.

곶자왈생태관

전시관을 앞에서 보면 둥글게 튀어나온 유리 온실 같은 곳이 있어요. 이곳은 제주도의 특별한 자연을 담은 곶자왈생태관이에요. 전시관의 1층에서 2층을 연결하여 꾸며 놓은 곳으로, 제주도의 희귀한 자생 식물과 아름다운 지형을 본떠 만든 모형을 둘러볼 수 있어요.

전시관 1층

전시관의 1층에는 제1전시실과 체험학습실, 기획전시실 등이 있어요. 제1전시실에서는 한반도의 다양한 고유 생물과 자생 생물 실물 표본이 전시되어 있어요. 체험학습실에서는 생물에 관한 다양한 정보를 익히는 활동을 경험할 수 있어요. 기획전시실에서는 다양한 전시를 열어요.

제1전시실 ①
작은 생물과 식물

생물은 제각기 모습도 다르고 종류도 셀 수 없이 많아요. 제1전시실에서는 수많은 생물을 체계적으로 분류하여 소개하고 있어요. 생물은 크게 원핵생물계, 원생생물계, 진균계, 식물계, 동물계의 다섯 가지로 나누어진답니다. 생물의 어떤 특징에 따라 이렇게 나누었는지 제1전시실을 살펴보면 알 수 있어요. 먼저 가장 간단한 생물의 형태인 원핵생물계에서부터 원생생물계, 진균계의 생물이란 어떤 생물을 말하는 것인지 알아보아요. 그런 다음, 식물에 대한 사진과 여러 가지 표본, 각각 구조와 생태를 설명한 전시물을 보며 신비로운 생물의 세계로 들어가 보아요.

바로
여기예요!

우리 동식물은 어디에 속할까?

세계 생물은 이렇게 분포하고 있어요

세계의 동물은 크게 구북구, 신북구, 에디오피아구, 동양구, 오스트레일리아구, 신열대구의 6개 동물지리구에 나누어 살고 있어요. 식물은 전북구, 구열대구, 신열대구, 오스트레일리아구, 케이프구, 남극구의 6개 식물지리구로 나뉘어요. 각 '구'는 더 작게 나눌 수 있는데, 이 단위를 '아구'라고 해요.

전 세계의 모든 생물은 저마다 환경에 **적응**해서 살고 있어요. 이 생물들은 사는 지역에 따라 나눌 수 있어요. 제1전시실 입구에는 이 분류가 소개되어 있어요. 이렇게 동물과 식물들의 분포를 지역으로 나눈 것을 생물구계라고 해요.

이 가운데 우리나라의 동식물은 어느 구계에 포함될까요? 우선 동물구계는 유럽과 히말라야산맥 북쪽의 아시아, 사하라사막 북쪽의 아프리카 등과 함께 구북구에 속하며, 대표적인 동물로는 사슴류와 멧돼지, 두더지, 여우, 꿩, 두루미 등이 있어요. 식물구계는 유럽, 히말라야산맥 북쪽의 아시아, 북미대륙 등과 함께 전북구에 속해 있어요. 지금부터 산과 강, 바다의 크고 작은 동물과 식물에서부터 눈이 보이지 않는 아주 작은 생물들까지 우리나라의 모든 생물에 대해 알아보아요.

우리나라의 동물은 동물지리구 가운데 구북구에 살고, 식물은 식물지리구 중 전북구에 살고 있어요.

다섯 가지 생물의 갈래

지구상에 살고 있는 생물은 크기와 모양이 가지가지이고, 생물을 이루고 있는 조직도 매우 다양해요. 이러한 생물을 특징별로 나눈 것이 바로 생물의 5계예요. 5계는 원핵생물계, 원생생물계, 진균계, 식물계, 동물계를 말한답니다.

아래의 그림은 생물의 5계를 나타낸 것이에요. 각 계의 특징을 동그라미 안에 그려 넣었어요. 요즘에는 오계 가운데 원핵생물은 둘로 나누기도 하여, 여섯 개의 그림으로 나타내었어요.

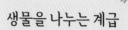

생물을 나누는 계급

생물을 특징에 따라 분류하는 단위 중에서 가장 큰 것이 '계'예요. 같은 계에 속하는 생물이라도 몸의 조직, 생김새 등에 따라 더 자세히 나눌 수 있는데, 이런 하위 단위를 차례대로 쓰면 '문, 강, 목, 과, 속, 종'이에요.

생물의 5계

모든 생물은 원핵생물계, 원생생물계, 진균계, 식물계, 동물계의 5계로 나눌 수 있어요. 원핵생물은 다시 고세균과 일반 세균으로 나눌 수 있어요.

식물계
나무와 같은 스스로 광합성을 할 수 있는 생물이에요.

진균계
곰팡이와 버섯 같은 생물이에요.

동물계
스스로 움직일 수 있는 복잡한 생물이에요.

원생생물계
하나의 세포로 된 단세포 생물과 원시적인 다세포 생물이 속해요.

원핵생물계
핵을 보호하는 막이 없는 단세포 생물이에요. 요즘에는 고세균과 일반 세균으로 나누어 말한답니다.

동그라미 속 그림이 5계를 대표해요.

가장 작은 생물, 원핵생물

세포
생물체를 이루는 가장 작은 단위예요.

핵
세포의 중심에 있는 가장 중요한 기관이에요.

5계의 생물 중에서 제일 먼저 알아볼 것은 원핵생물이에요. 가장 간단한 생물로 하나의 **세포**로 이루어져 있으며, 특히 세포의 중심인 **핵**을 둘러싼 막 같은 것이 없는 아주 단순한 형태예요. 원핵생물은 두 가지인데, 하나는 우리 몸속과 주변에 살고 있는 일반적인 세균이에요. 또 하나는 온도가 아주 높거나 낮은 환경, 소금기가 아주 강하거나 압력이 아주 높은 환경에도 살 수 있는 특이한 고세균이랍니다.

세균 가운데에는 사람의 몸속에 들어가면 건강을 해치는 것도 있어요. 하지만 사람의 생활에 도움을 주는 것들도 있어요. 특히 오염된 환경을 깨끗하게 해 주거나 병을 고치는 약을 만드는 재료가 되는 세균도 있답니다.

많은 일을 하는 대장균

대장균은 동물의 장, 특히 대장에 주로 살고 있는 세균이에요. 오염된 음식이나 물을 통해 우리 몸에 들어왔을 때, 장 외의 곳에서는 탈이 나게 해요. 하지만 우리 장에 있을 때에는 병에 대한 면역력을 강화시켜 주고 외부에서 침투하는 병원성 세균을 억제시켜 주고, 비타민 K를 합성해서 영양분을 소화하는 데에 도움을 주지요.

이름은 이상해도 좋은 세균이구나!

맛있는 음식을 만드는 세균들

세균 중에는 우리 음식의 맛을 좋게 해 주는 것도 있어요. 바로 대표적인 발효 식품인 김치, 된장, 요구르트의 맛과 영양을 결정하는 세균들이에요. 김치를 더욱 맛있게 만들어 주는 류코노스톡 김치아이, 콩을 메주로 만들어 주는 고초균, 요구르트를 만드는 락토바실루스 불가리쿠스 등이 있지요.

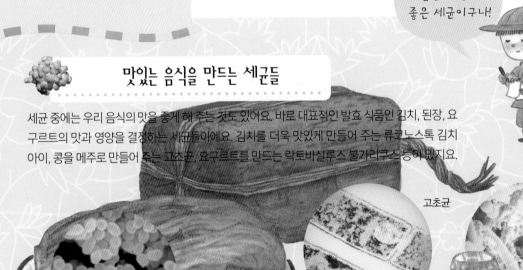

류코노스톡 김치아이

고초균

락토바실루스 불가리쿠스

단순한 원생생물

원생생물은 원핵생물보다는 복잡하지만 여전히 **원시적인** 생물이에요. 핵이 있는 하나의 세포로 된 단세포 생물과, 다양한 조직이 없는 단순한 다세포 생물들을 말해요.

전시실에는 원생생물의 종류인 규조류, 코코리스류, 녹조류, 유공충류, 섬모류, 유글레나류, 편모류, 해조류 등이 전시되어 있어요. 유공충류, 섬모류 등은 스스로 움직이는 동물에 가깝고, 규조류와 녹조류 등의 해조류는 식물처럼 광합성을 해요. 특히 해조류는 다세포 생물로 모습이나 색깔, 크기가 각각 다르답니다.

원시적
처음 시작할 때의 상태를 이르는 말로, 생물이 복잡하게 진화하지 않은 단순한 상태를 뜻해요.

반달말(녹조류)
민물에서 사는 단세포 조류예요.

유공충류
껍데기가 있고 기어다니는 작은 생물로 규조류 등을 먹어요.

야광충(와편모조류)
2밀리미터 정도의 생물로 자극을 받으면 빛을 내요.

바닷속의 원생생물, 해조류

바닷속 바위에 붙어 사는 해조류는 땅 위의 식물처럼 광합성을 해서 영양분과 산소를 만들어요. 엽록소*의 종류에 따라 색이 달라지며 홍조류, 갈조류, 녹조류로 나눌 수 있어요.

*엽록소 : 녹색식물 속에 있는 것으로 빛을 받아서 이산화탄소를 영양분으로 만들어요.

홍조류
엽록소 a와 피코빌린 색소를 가지고 있어서 붉은색을 띠어요.

갈조류
엽록소 a와 c, 갈조소, 카로티노이드 색소가 있어서 황갈색으로 보이지요.

녹조류
광합성 색소로 엽록소 a와 b가 있어서 녹색을 띠어요.

우뭇가사리
한천을 만드는 재료예요.

진두발
섬유 염색용으로 쓰여요.

검둥감태
전복과 소라의 먹이가 되요.

지충이
동물의 꼬리처럼 생겼어요.

구멍갈파래
잎에 구멍이 뚫려 있어요.

사카이대마디말
독도에 살고 있어요.

곰팡이가 진균이래요

진균은 핵이 있는 진핵생물로, 곰팡이나 버섯 같은 생물을 말해요. 이 생물들은 먼지와 같이 아주 작은 포자라는 홀씨를 퍼뜨려서 **번식**을 하고, 죽은 생물을 **분해**해서 자연으로 돌아가게 해 주지요.

이 생물들은 몸에 엽록체가 없어서 스스로 광합성을 하지 못해요. 그래서 다른 생물이나 죽은 동식물에 붙어서 영양분을 얻으며 해를 주거나 썩게 하지요. 하지만 어떤 곰팡이는 발효를 시켜 맛있는 음식으로 만들기도 하고, 새로운 물질을 만들어 내기도 해요. 다양한 색과 모양의 버섯은 쓰임도 각기 달라요.

번식
생물의 수가 늘어나서 많이 퍼지는 것을 말해요.

분해
큰 것을 작게 쪼개는 거예요.

여기서 잠깐!

이름을 찾아보세요.

우리 생활에 도움을 주는 곰팡이와 버섯은 어떤 것이 있을까요?
사진과 설명을 보며 보기에서 알맞은 이름을 찾아 써 보세요.

보기	백선균 동충하초 푸른곰팡이 효모 노란다발

1) 발이나 손에 무좀을 일으켜요.
(   )

2) 페니실린이라는 약의 원료예요.
(   )

3) 곤충의 몸에서 자라요.
(   )

4) 빵이나 술을 발효시킬 때 써요.
(   )

5) 노랗고 동그란 갓 모양의 독버섯이에요.
(   )

도움말
· 백선균은 털실처럼 생겼어요.
· 동충하초는 겨울에 곤충이었다가 여름에 풀이 된다는 뜻으로, 곤충의 몸 속에 기생하다가 몸에서 버섯이 생긴 거예요.
· 동글동글한 효모는 발효를 시켜 줘요.

➡ 정답은 72쪽에

현미경 속의 세상

현미경은 사람의 눈으로 볼 수 없는 작은 사물을 확대해 보여 주는 도구예요. 아주 작은 세균이나 작은 부분을 자세하게 보여 주지요. 현미경에는 두 개의 볼록렌즈가 있는데, 바로 사물 가까이에 있는 대물렌즈와 눈을 대고 보는 접안렌즈예요. 두 개의 렌즈가 사물을 아주 크게 보여 주는 거지요. 현미경은 광학현미경, 해부현미경, 투과현미경, 편광현미경, 형광현미경, 위상차현미경, 자외선현미경 등이 있어요.

생물을 연구할 때에는 작은 부분을 크게 보여 주는 현미경이 꼭 필요해요.

현미경 사용법

① 현미경을 처음 관찰할 때에는 먼저 저배율로 보기 시작해요. 저배율에서 초점을 맞춘 후에 대물렌즈의 회전판을 돌려 고배율로 높여서 봐요.

② 초점을 맞출 때는 조동나사를 돌려서 원하는 상의 초점을 찾은 후 미동나사를 돌려 미세한 초점을 맞춰요.

③ 조리개로 빛의 양을 조절해요. 저배율에서는 들어오는 빛의 양을 줄여 주고, 고배율에서는 반대로 빛의 양을 늘려야 잘 보인답니다.

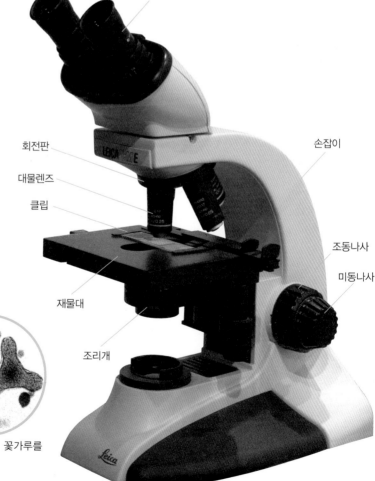

접안렌즈
회전판
대물렌즈
클립
재물대
조리개
손잡이
조동나사
미동나사

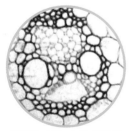

외떡잎 식물 속의 통로인 관다발을 확대한 모습

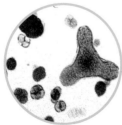

다양한 식물의 꽃가루를 확대한 모습

햇빛 받고 쑥쑥 자라는 식물

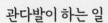

관다발이 하는 일

식물의 몸속에 있는 관다발은 영양분과 물을 식물의 각 부분으로 옮겨 주는 통로로, 물관과 체관으로 이루어져 있어요. 뿌리의 물관은 흙 속의 물을 흡수하여 줄기의 물관을 통해 잎까지 운반해 주어요. 체관은 잎에서 광합성을 해서 만든 영양분을 온몸으로 옮겨 주는 통로예요.

식물은 어떤 생물일까요? 앞에서 알아본 원핵생물이나 원생생물, 진균에 비해 형태가 잘 갖춰진 생물이에요. 겉모습만 보아도 훨씬 발달한 생물이라는 것을 알 수 있지요. 식물은 몸속에 여러 가지 조직과 기관이 있어요. 그리고 잎에서 광합성을 하여 스스로 영양분을 만들 수 있어요.

식물의 크기는 정말 다양해요. 이끼와 같이 작은 것에서부터 사과나무처럼 큰 식물도 있지요. 이렇게 크기 차이를 만들어 내는 것이 바로 관다발과 관다발 속의 부름켜예요. 식물은 관다발이 있는 것과 없는 것으로 나눌 수 있어요. 이러한 분류에 따라 식물을 살펴보아요.

 그늘에서 사는 이끼

자세히 보면 무슨 이끼인지 알 수 있죠.

숲속의 습하고 그늘진 곳에는 선태식물인 여러 가지 이끼가 살고 있어요. 나무 사이나 바위 아래에 작은 이끼들이 촘촘히 붙어 있는 모습을 보면 마치 초록 이불을 덮은 듯하답니다. 우리나라에는 어떤 이끼들이 있는지 돋보기를 들고 자세히 살펴보아요.

봉황이끼
이끼의 모양이 새의 꼬리깃털과 비슷해요.

우산이끼
암그루는 찢어진 우산 모양이고, 수그루는 뒤집어진 우산 모양이에요.

솔이끼
우리나라에서 가장 흔하게 볼 수 있는 이끼예요.

뿔이끼
끝이 뾰족한 뿔 모양을 닮아서 붙은 이름이에요.

관다발이 없는 선태식물

아주 옛날에는 모든 생물들이 물속에 있었어요. 하지만 긴 세월을 통해 진화하면서 드디어 땅 위에 사는 생물이 생겨났지요. 가장 먼저 땅 위에 나타난 식물이 바로 이끼와 같은 선태식물이에요.

선태식물은 관다발이 없는 비관다발식물이에요. 온몸으로 영양분을 만들지만 옮길 통로가 없고, 몸을 지탱할 정도로 굵고 크게 만들 수도 없지요. 그래서 사는 환경이 아무리 좋아도 키나 부피는 커지지 않고 수만 늘어나지요.

■ 식물 중 여기에 속해요.
┌ 비관다발식물 – 선태식물
└ 관다발식물
　└ 비종자관다발식물
　└ 종자식물

관다발은 있어도 씨앗이 없는 비종자관다발식물

관다발식물은 크게 두 가지로 나눌 수 있어요. 그 기준은 생물의 수를 늘리는 번식 방법이에요. 씨앗과 같은 것으로 번식을 하는 식물을 종자식물, 종자가 아닌 포자로 번식하는 식물을 비종자관다발식물이라고 해요.

이 둘 가운데 간단한 형태인 비종자관다발식물은 크게 네 가지로 나뉘어요. 솔잎난류와 석송류, 속새류, 양치류 등이 있지요.

 ## 비종자관다발식물

솔잎난류
가장 원시적인 모습의 식물로, 잎과 뿌리가 없이 각각 헛잎과 헛뿌리가 있고, 헛잎에는 포자를 만드는 포자낭이 있어요. 전 세계에 4종류가 있고 우리나라 제주도에 1종이 있어요.

솔잎난

석송류
잎과 줄기, 뿌리가 모두 있어요. 세계에 약 900종이 있고, 우리나라에는 석송, 다람쥐꼬리 등 21종이 있어요.

석송

속새류
뚜렷한 마디가 있는 줄기에 얇은 비늘조각처럼 생긴 잎이 돌려나지요. 우리나라에는 속새, 쇠뜨기 등 7종이 있어요.

속새

양치류
비종자관다발식물의 대부분을 차지하는 양치류는 종류도 많고 수도 많아요. 잎의 뒤에는 포자낭이 있고, 우리나라에는 가는쇠고사리, 관중, 고비, 고란초 등 231종이 자라요.

가는쇠고사리

밑씨가 겉에 있는 겉씨식물

식물이 번식하기 위해서는 씨앗이 필요해요. 이 씨앗을 땅 속에 심으면 다시 식물로 자라나지요.

종자식물은 크게 겉씨식물과 속씨식물로 나뉘어요. 겉씨식물은 밑씨가 씨방 겉으로 드러나는 것인데, 밑씨란 나중에 씨앗이 되는 부분을 말해요. 소나무와 은행나무가 대표적인 겉씨식물이지요. 이 식물은 관다발 속에 물관 대신 헛물관이 있어서 이곳으로 물이 지나간답니다.

■ 식물 중 여기에 속해요.
┌ 비관다발식물
└ 관다발식물
　├ 비종자관다발식물
　└ 종자식물
　　├ 겉씨식물
　　└ 속씨식물

소나무는 쓰임새가 다양해요

옛날부터 집을 짓는 목재로 소나무가 즐겨 쓰였어요. 꽃가루인 송화는 송편이나 다식을 만드는 재료지요. 장식품으로 쓰이는 솔방울은 씨앗이 모여 있는 거예요. 자세히 보면 날개가 달린 작은 씨앗이 모여 있는데, 이 날개로 날아가 번식을 한답니다.

씨솔방울

소나무와 친구들은 겉씨식물이에요

겉씨식물로는 소나무와 같이 잎이 뾰족뾰족한 종류가 많아요. 여러 가지 나뭇잎을 보며 평소 주변에서 본 것이 있는지 생각해 보아요.

소나무
침엽수를 대표하는 나무로, 잎이 긴 바늘 모양이에요.

노간주나무
봄에 녹색 꽃이 피고 열매는 짙은 자주색이에요.

비자나무
맛이 떫은 열매는 구충제로 쓰며 기름을 짜서 식용유, 등유로 써요.

스트로브잣나무
잣나무보다 껍질이 미끈하고, 긴 모양의 열매를 맺어요.

주목
가구, 조각의 재료로 쓰이며, 붉은 빛의 열매는 염료로 쓰여요.

주목의 꽃가루솔방울

여기서
잠깐!

씨앗은 이렇게 퍼져요.

손과 발이 없는 식물은 여러 가지 방법으로 씨앗을 퍼뜨려 번식을 하지요.
전시물의 설명을 보고 빈칸에 어떻게 번식하는 것인지 써 보세요.

민들레
바람에 의해

연
(   )

봉선화
(   )

도꼬마리
(   )

보기 물 흐름에 따라, 자기 자신의 힘으로, 동물의 도움으로

정답은 72쪽에

밑씨가 속에 감춰져 있는 속씨식물

속씨식물은 밑씨가 씨방 안에 있어서 보이지 않아요. 쌀, 호박, 사과처럼 열매가 맺히는 식물들이 속씨식물이지요. 이런 식물들은 자라며 꽃을 피우고, 그 꽃이 지고 나면 그 자리에 열매와 씨앗이 맺혀요. 꽃이 매우 중요한 역할을 하지요. 그렇다면 꽃은 어떻게 생겼으며 어느 부분이 씨앗과 열매가 되는 걸까요?

꽃은 꽃받침잎, 꽃잎, 수술, 암술로 이루어져 있어요. 수술 끝의 꽃밥에서 꽃가루가 생기고, 암술대 아래의 불룩한 씨방 속에 밑씨가 들어 있어요.

■ 식물 중 여기에 속해요.
└비관다발식물
└관다발식물
 └비종자관다발식물
 └종자식물
  └겉씨식물
  └속씨식물

꽃의 구조
꽃 안에는 꽃잎, 암술과 수술, 씨방, 밑씨가 있어요.

꽃의 속은
이렇게 생겼어요.

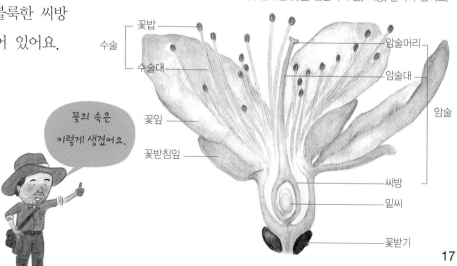

수술 {
꽃밥
수술대

꽃잎

꽃받침잎

암술머리
암술대
암술
씨방
밑씨
꽃받기

17

동물에 비교하면 수술이 수컷이고, 암술은 암컷과 같아요. 식물은 수술과 암술이 만나서 열매를 만드는 거예요. 더 자세히 말하면 수술의 꽃가루가 암술의 암술머리에 옮겨지는 것을 꽃가루받이라고 하는데, 이 과정을 통해 꽃가루와 씨방 안의 밑씨가 수정이 되어요. 그래서 씨앗과 씨앗을 둘러싸고 있는 열매살로 크지요. 하지만 식물의 종류에 따라 씨앗이 아주 크기도 하고, 아주 많거나 딱딱하기도 하고, 씨앗이 열매의 밖에 맺히기도 하는 등 열매의 모양과 구조가 제각기 다르답니다.

벌 대신 사람이 해 줘요

꽃이 피면 자연스럽게 열매가 맺히는 것 같지만 사실은 벌이나 나비가 꽃가루를 암술에 옮기는 꽃가루받이, 수분을 해 주었기 때문이에요. 그런데 환경 오염으로 벌과 나비의 수가 줄어든 데다가 날씨가 좋지 않으면 꽃가루받이가 어려워지지요. 그러면 사람이 직접 꽃을 들고 꽃가루를 옮겨 주는데, 이를 인공수분이라고 해요.

열매마다 씨앗도 가지가지예요.

어떤 부분이 자란 열매일까요?

꽃이 지고 나서 생긴 열매와 그 안에 들어 있는 씨앗은 식물마다 생김새와 구조가 정말 달라요. 그러면 전시관에 전시해 놓은 그림을 보며 복숭아와 사과, 딸기의 열매와 씨앗은 꽃의 어느 부분이 자란 것인지 알아보아요.

씨방벽

밑씨

씨방이 자라 복숭아가 되었어요.
씨방의 벽이 자라서 씨의 딱딱한 껍질과 열매살이 되었어요.

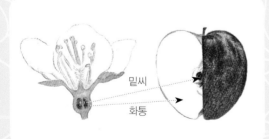

밑씨

화통

화통이 자라 사과가 되었어요.
밑씨는 씨가 되고, 씨방을 둘러싼 화통이 자라서 열매살이 되었어요.

꽃받기

씨

꽃받기가 자라 딸기가 되었어요.
꽃의 아래 부분인 꽃받기가 자라 열매살이 되었어요.

쌍떡잎일까, 외떡잎일까?

속씨식물의 씨앗을 심으면 씨앗의 껍질을 뚫고 떡잎이 나와요. 떡잎의 수가 한 장이면 외떡잎식물, 두 장이면 쌍떡잎식물이라고 해요.

떡잎이 2장인 쌍떡잎식물은 그물 모양의 잎맥과 규칙적으로 놓인 관다발, 부피 생장을 할 수 있는 부름켜가 있어요. 상수리나무, 어리연꽃, 는쟁이냉이, 쑥부쟁이 등이 있어요. 외떡잎식물의 잎맥은 나란한 모양이고 관다발은 불규칙하게 흩어져 있어요. 부름켜가 없어서 부피생장을 할 수 없고 가늘고 긴 모양으로 자라지요. 그리고 수염처럼 생긴 뿌리가 있어요. 좀비비추, 애기앉은부채, 양하, 보풀 등이 있어요.

■ 식물 중 여기에 속해요.

─ 비관다발식물

├ 관다발식물

　├ 비종자관다발식물

　└ 종자식물

　　├ 겉씨식물

　　└ 속씨식물

　　　├ 쌍떡잎식물

　　　└ 외떡잎식물

 부름켜
쌍떡잎식물의 관다발의 물관과 체관 사이에 있는 세포층으로, 부피생장이 일어나요.

쌍떡잎식물과 외떡잎식물에는 어떤 것이 있을까요?

씨앗이 씨방 속에 생기는 속씨식물은 크게 쌍떡잎식물과 외떡잎식물로 나뉘어요. 어떤 식물이 여기에 속하는지 알아보세요.

쌍떡잎식물

상수리나무
도토리가 열리는 나무예요.

어리연꽃
속이 노랗고 가장자리가 하얀 꽃이 피어요.

는쟁이냉이
꽃잎이 4장인 하얀 꽃이 피어요.

외떡잎식물

좀비비추
꽃줄기가 길게 나오는 백합과의 식물이에요.

애기앉은부채
꽃의 모양이 부처님 뒤에서 빛이 나는 모습과 비슷하다고 붙은 이름이에요.

양하
뿌리줄기와 종자를 약재로 쓰는 식물이에요.

제1전시실 ②
각양각색 동물들

동물계는 스스로 몸을 움직일 수 있는 생물이에요. 동물은 겉모습이 제각각이며, 사는

모습도 다양해요. 이런 동물들을 크게 둘로 나눈다면 무엇을 기준으로 해야 할까요? 바

로 등뼈인 척추가 있는지 없는지에 따라 제일 먼저 척추동물과 무척추동물로 나눌 수 있

어요. 그 외에도 동물들을 어떻게 나눌 수 있는지, 같은 종이라고 해도 왜 다른 모습을 갖

고 있는지 전시실의 다양한 표본과 설명을 보며 알아보아요. 또한 우리나라에서 사라져

가는 생물과 고유종에 대해서 알아보고 우리가 무엇을 해야할지 생각해 보세요.

바로
여기예요!

등뼈 없는 동물, 무척추동물

수많은 종류의 동물은 크게 두 가지로 나눌 수 있어요. 그 기준은 바로 척추라 부르는 등뼈예요. 그래서 등뼈가 있는 척추동물과 등뼈가 없는 무척추동물로 나눈답니다. 먼저 무척추동물에는 어떤 동물들이 있는지 살펴보아요.

등뼈가 없는 무척추동물은 전체 동물 종수의 90퍼센트를 차지할 정도로 종류가 많아요. 바다에서 사는 구멍이 숭숭 난 해면동물과, 촉수로 독을 쏘는 자포동물, 오징어처럼 흐물흐물한 연체동물이 있어요. 그리고 실처럼 생긴 선형동물, 지렁이와 같은 환형동물, 다리에 마디가 있는 절지동물 등 다양한 생물이 있어요.

동물과 식물의 다른점은?

첫째, 뿌리를 내리고 한 곳에서 머무는 식물과 달리 동물들은 혼자 움직일 수 있는 운동성이 있어요.

둘째, 동물은 다른 생물들이 만들어 낸 유기물을 먹고 영양분을 얻지만, 식물은 광합성을 통하여 스스로 영양분을 만들어낼 수 있어요.

마지막으로, 동물은 세포벽이 없고, 식물은 세포벽이 있어요.

 촉수
무척추동물의 입 주변에 있는 손 역할을 하는 돌기예요.

바닷속의 해면동물과 유즐동물

해면동물은 가장 원시적인 동물로, 바닷속에서 바위나 해조류에 붙거나 다른 동물의 몸에 붙어서 살아요. 몸의 모양은 다양하고, 온몸에 구멍이 숭숭 뚫려 있어요. 몸속에 물이 들어오면 물속의 먹이를 걸러 먹고 다시 몸의 모든 구멍으로 물을 뿜어 내보내요. 어떤 종류는 몸속에 새우가 들어오면 새우를 보호하며 공생해요. 새우를 보호해 주는 대신 해면동물은 새우의 배설물을 먹으며 서로 도우며 사는 것이지요.

■ 동물 중 여기에 속해요.
- 척추동물
- 무척추동물
  - 해면동물
  - 유즐동물

몸 표면에 빗살 모양의 즐판이 있는 유즐동물은 바다에 살고 있어요. 물 위에 둥둥 떠다니기도 하고, 말미잘과 같은 동물의 표면에 기생하며 해를 입히기도 해요. 겉모양은 감투나 풍선, 발톱, 띠와 같이 다양하며, 바닷속에서 밝게 빛나지요. 유즐동물은 마치 머리빗 같이

공생
생물이 함께 도우며 사는 거예요.

배설물
생물의 몸 밖으로 나오는 똥. 오줌, 땀 같은 거예요.

생긴 8줄의 긴 즐판대라는 것이 있어요. 이 즐판대에 있는 섬모라는 짧은 털들을 움직여서 이동해요. 빗해파리가 유즐동물에 속하며, 몸에는 두 개의 촉수가 길게 나 있는데, 여기에는 끈적이는 점액이 있어서 먹이를 잘 잡을 수 있지요.

바닷속에 사는 해면동물과 유즐동물

무척추동물 중에서 해면동물과 유즐동물은 바다에 사는 종류가 많아요. 두 동물의 특징을 생각해 보면서 아래의 그림 속에서 어떤 것이 있는지 살펴보아요.

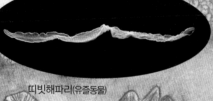

띠빗해파리(유즐동물)
기다란 띠 모양의 해파리이며, 줄무늬처럼 보이는 것이 즐판대예요.

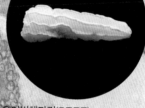

오이빗해파리(유즐동물)
옆으로 길게 즐판대가 보이며, 바닷속에서 빛이 나서 환상적으로 보여요.

불똥해면(해면동물)
생긴 것이 마치 불똥이 튀어 뚫린 것 같아요.

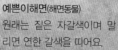

예쁜이해면(해면동물)
원래는 짙은 자갈색이며 말리면 연한 갈색을 띠어요.

맵시해면(해면동물)
넙적한 뿔 모양이에요.

화살을 쏘는 자포동물

화살을 쏘듯이 촉수로 독을 쏘는 히드라와 같은 종류를 자포동물이라고 해요. 자포라는 말은 '화살을 쏘는 세포'라는 말이지요. 자포동물에는 히드라 외에도 해파리, 말미잘, 산호충 등이 있는데, 대부분은 바다에서 자유롭게 헤엄을 치면서 살지요. 하지만 어떤 것은 조개껍데기나 바위에 붙어 살기도 해요. 특히 산호초를 만드는 산호충류는 다른 동물들의 보금자리가 되기도 해요. 그리고 모양이 아름다워서 관광 상품이나 건축 재료로도 인기가 많답니다.

해파리 주의보!

젤리처럼 투명한 몸을 가졌다고 해서 젤리피쉬라는 이름을 가진 해파리는 예쁘지만 무서운 동물이에요. 촉수에서 독을 쏘아 먹이를 잡지요. 그래서 해파리가 있는 곳에는 물고기들이 가지 않아요. 사람들도 물놀이를 하다 해파리에게 쏘이지 않도록 주의해야 해요. 그런데 이런 해파리를 쥐치가 먹는다고 하니 놀라지 않을 수 없어요.

아주 작은 동문동물과 완보동물

바다의 모래 틈에는 아주 작은 생물이 살아요. 이 생물은 몸 크기가 1밀리미터 정도로 작은 동문동물과 완보동물이랍니다.

동문동물은 입을 자유롭게 움직이며 먹이를 먹을 때 튀어나오기도 하고 심지어 입이 뱃속으로 들어가기도 해요. 새우가 아주 좋아하는 먹잇감이지요.

완보동물은 느릿느릿 걸어가서 곰벌레라고 해요. 배에 4쌍의 다리를 갖고 있고 그 끝에는 4~8개의 발톱이 달려 있어요.

바위에 붙어 사는 태형동물

태형동물은 땅 위의 바위에 붙은 이끼처럼 생겼어요. 이 동물은 강이나 바다의 바위나 해조류에 붙어서 살아요. 그중에는 산호처럼 예쁘게 생긴 것도 있어요. 움직이지도 않고 딱딱한 껍질을 가지고 있어서 동물 같아 보이지 않기도 해요.

다양한 모습의 무척추동물

바닷속에는 또 어떤 동물이 있을까요? 바위에 붙어서 사는 동물, 물속을 떠다니는 동물, 모랫속을 기어가는 동물 등 다양하지요. 자포동물, 태형동물, 동문동물, 완보동물의 모습을 찾아보세요.

검정깃히드라(자포동물)
20센티미터 크기의 나뭇가지 모양이에요.

꽃모자해파리(자포동물)
둥근 원반 모양으로 우리나라 연안에서 쉽게 볼 수 있어요.

부채뿔산호(자포동물)
붉고 아름다워서 장식품으로도 많이 쓰여요.

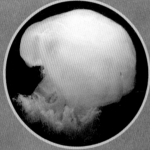

노무라입깃해파리(자포동물)
아주 크고 독성이 있는 해파리예요.

이게 모두 동물이에요.

빨간망이끼벌레(태형동물)
망사처럼 생긴 몸을 가졌어요.

동문동물
모래 사이에서 사는 작은 벌레로 입이 자유롭게 움직여요.

완보동물
느리게 걷는다는 뜻의 이름을 가진 동물이에요.

사슴뿔이끼벌레(태형동물)
육지의 이끼같이 생긴 동물로 사슴뿔 모양이에요.

실처럼 생긴 선형동물

선형동물이 몸 속에 있으면 해롭지요.

사람의 몸이나 동물의 몸 속에 사는 기생충들은 몸이 실처럼 길게 생겨서 선형동물이라 불려요. 이들은 바다나, 육지, 민물 등에서 서식하다가 여러 생물의 몸에 기생하지요. 개심장 사상충, 돼지회충은 동물의 몸에, 회충은 사람 몸에 기생해요. 식물에 기생하는 종류도 있어요.

제주곁도마뱀선충

■동물 중 여기에 속해요.
┌ 척추동물
└ 무척추동물
......
  ┌ 선형동물
  └ 연체동물

몸이 물렁물렁한 연체동물

오징어처럼 뼈가 없고 몸이 물렁물렁한 동물을 연체동물이라고 해요. 연체동물은 다시 두족강, 부족강, 복족강 등으로 나뉘어요. 주로

연체동물에는 어떤 것이 있나요?

연체동물은 발의 위치나 모양, 움직이는 모습 등의 특징에 따라 분류할 수 있어요. 발이 머리쪽에 있으면 두족강, 도끼 모양이면 부족강, 배로 기어다니면 복족강이라고 하지요.

두족강

참갑오징어
오징어 중에서 먹물이 가장 많아요.

낙지
몸이 회색이며 갯벌의 구멍 속에 살아요.

부족강

백합
서해안에서 많이 양식되며, 껍데기로 흰 바둑돌을 만들기도 해요.

진주조개
몸에 들어온 작은 조각을 품어 진주를 만들어 내요.

복족강

입뿔고둥
껍데기의 모양이 아름다워서 비싼 값을 받아요.

말전복
전복 중에서 가장 큰 종류이며 해조류를 먹어요.

바다나 강과 같은 물에 사는데, 다슬기와 같은 종류는 육지에서 살기도 해요. 오징어와 낙지, 문어는 머리쪽에 발이 있어서 두족강이라고 하는데, 연체동물 중 가장 발달한 종류예요. 오징어의 발은 10개, 문어의 발은 8개가 있고, 몸통인 **외투막**에 들어온 물을 뿜으며 재빨리 움직여요. 홍합이나 키조개와 같은 조개류는 납작한 도끼 모양의 발이 있어 부족강이라고 해요. 마지막으로 소라, 고둥, 전복처럼 배로 기어 다니는 종류는 복족강이라고 해요.

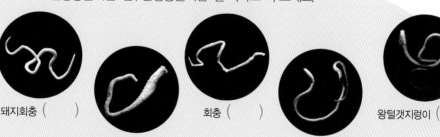

외투막
연체동물의 몸을 싸고 있는 얇은 막이에요.

■ 동물 중 여기에 속해요.
┌ 척추동물
└ 무척추동물
......
　└ 환형동물

체절
몸에 있는 마디예요.

고리 모양의 마디를 가진 환형동물

환형동물은 지렁이, 갯지렁이, 거머리 등을 말해요. 이런 동물들에게는 고리와 같은 체절이 있어 환형동물이라고 해요. 지렁이처럼 많은 **체절**이 있고 털이 없는 환형동물도 있지만, 털이 많은 갯지렁이 같은 것도 있어요. 그 외에 고슴도치처럼 생긴 가시고슴도치갯지렁이, 딱딱한 관으로 된 집을 짓고 촉수를 내미는 석회관갯지렁이도 있어요. 지렁이와 갯지렁이는 갯벌과 토양을 깨끗하게 해 주는 일꾼이지요.

여기서 **잠깐!**

구별해 보세요.
전시실의 선형동물과 환형동물은 길쭉길쭉한 모습이 비슷해요.
아래의 사진과 이름을 보고 어떤 종류의 동물인지 오른쪽의 빈칸에
선형동물이면 '선', 환형동물이면 '환'이라고 써 보세요.

돼지회충 (　　)

괴물유령갯지렁이 (　　)

회충 (　　)

두토막눈썹참갯지렁이 (　　)

왕털갯지렁이 (　　)

도움말 · 회충이나 편충같은 기생충은 선형동물이에요.
· 지렁이와 갯지렁이는 환형동물에 속해요.

➡정답은 72쪽에

여러 가지 모습의 절지동물

절지동물은 전 세계에 109만 종 이상이 있어서, 동물 중에서 가장 많은 종이 있지요. 절지동물의 가장 뚜렷한 특징은 몸이 체절로 이루어져 있고, 키틴질이라는 단단한 물질로 된 껍데기에 싸여 있다는 거예요. 껍데기가 단단하기 때문에 몸집이 자랄 때에는 주기적으로 허물을 벗는 탈피를 해야 하지요.

거미와 곤충이 어떻게 다를까요?

절지동물은 어떻게 나뉘나요?

절지라는 말은 다리에 마디가 있다는 거예요. 이런 동물에는 물속에 사는 갑각강과 벌레처럼 생긴 거미강과 곤충강이 있어요. 각 동물은 어떤 특징이 있는지 비교해 보아요.

갑각강

두꺼운 갑옷을 입은 게, 새우, 가재, 따개비 등의 동물을 말해요. 몸은 머리, 가슴, 배의 세 부분으로 나뉘지만, 머리와 가슴이 합쳐진 머리가슴과 배의 두 부분으로 나뉘기도 해요. 또 두 쌍의 더듬이와 큰 턱이 한 쌍, 작은 턱이 두 쌍 있어요.

거미강

거미는 육지에 적응한 절지동물로 곤충과 비슷하게 생겼지만 다른 종류예요. 다리가 8개이고, 몸은 머리가슴과 배 두 부분으로 나뉘어져 있고 날개와 더듬이가 없어요. 크게 거미줄을 쳐서 먹이를 잡는 조망성 거미와 거미줄을 치지 않고 돌아다니면서 먹이를 사냥하는 배회성 거미로 나누지요.

닭새우
몸보다 더 긴 더듬이가 있고, 밤에 활동해요.

톱장절게
몸 전체에 짧은 털이 촘촘하게 나 있어요.

거북손
바위에 붙어 떼지어 살아요.

산왕거미
몸집이 큰 왕거미의 일종이에요.

두줄깡충거미
재빠르게 움직이며 다니지요.

황닷거미
산이나 물가에서 곤충이나 물고기를 먹어요.

절지동물은 갑각강, 거미강, 곤충강 등으로 더 나눌 수 있어요. 갑옷처럼 딱딱한 껍질을 가진 게와 같은 동물을 갑각강이라고 해요. 다리가 네 쌍인 거미강, 다리가 세 쌍이며 모습이 다양한 곤충강도 있어요. 지금부터 재미있는 절지동물의 세계를 탐험해 보세요. 많은 표본을 살펴보면서 또 어떤 종류로 나눌 수 있는지 알아보고, 색다른 특징도 찾아보세요.

걷는 게와 헤엄치는 게

게는 대게나 털게처럼 제일 뒤의 다리 끝이 뾰족한 종류가 있고, 꽃게나 깨다시꽃게처럼 다리 모양이 넓적한 종류가 있어요. 다리 끝이 뾰족한 것은 대부분 걸어 다니는 게들이며 넓적한 것은 물에 떠서 헤엄칠 줄 아는 게랍니다.

곤충강

절지동물 중에서도 곤충은 약 100만 종으로 동물계에서 가장 많은 종류와 개체수를 차지해요. 몸은 머리, 가슴, 배의 3부분으로 되어 있고, 머리에는 1쌍의 더듬이와 1쌍의 겹눈, 3개의 홑눈이 있어요. 3쌍의 다리와 가슴 옆쪽이나 뒤쪽에 붙어 있는 2쌍의 날개가 있어요.

완전탈바꿈

알에서 애벌레가 된 다음 번데기를 거쳐 전혀 다른 모습의 어른벌레가 되어요.

불완전탈바꿈

알에서 애벌레가 된 다음 번데기를 거치지 않고 어른벌레가 되어요.

호랑나비
애벌레는 천적의 눈을 피하기 위해 나뭇잎과 비슷한 색이나 모양이에요.

어리호박벌
집단 생활을 하며, 몸에 털이 많은 벌이에요.

장수풍뎅이
딱딱하게 변형된 앞날개가 천적이나 주위 환경으로부터 몸을 보호해 주어요.

고추잠자리
애벌레 시기에 물속에서 사는데, 이를 수채라고 불러요.

벼메뚜기
하늘을 날 정도로 자라면 더 이상 허물을 벗지 않아요.

광대노린재
식물의 진액이나 곤충의 체액을 빨아먹어요.

등뼈 있는 동물, 척추동물

등뼈가 있는 척추동물은 무척추동물에 비해 더 진화된 형태예요. 몸의 구조나 기관도 복잡하고 다양한 기능을 가지고 있지요. 이런 척추동물은 크게 어류, 양서류, 파충류, 조류, 포유류 등의 다섯 가지로 나뉘어요. 이 동물들은 어떤 특징에 따라 이렇게 분류한 것인지 물속에 사는 어류부터 차례차례 알아보아요.

■ 동물 중 여기에 속해요.
```
    ┌ 척추동물 ┬ 어류
    │          ├ 양서류
    │          ├ 파충류
    │          ├ 조류
    │          └ 포유류
    └ 무척추동물
```

담수어류
강과 호수 등의 민물에 사는 물고기예요.

메기
입수염이 두 쌍이며 콧구멍 옆의 수염은 길어서 가슴지느러미까지 닿아요.

회유성 어류
바다에 살다가 강으로 알을 낳기 위해 돌아오는 물고기를 말해요.

은어
맑은 물에서 살며, 어릴 때 바다로 나갔다가 다시 하천으로 돌아와요.

기수어류
강 하구와 바다 사이의 바닷물과 강물이 섞인 물에 사는 물고기를 말해요.

풀망둑
수컷이 파놓은 구멍에 암컷이 알을 낳고, 수컷이 수정시킨 뒤에 지켜 주어요.

기수 및 해수어류
강 하구와 바다 두 곳에서 사는 물고기예요.

숭어
조선 시대 정약전이 쓴 《자산어보》에 '치어'라고 소개되어 있어요.

해수어류
바다의 짠물에서 사는 종류예요.

아귀
깊은 바닷속에서 살며, 암컷은 40센티미터 정도이지만, 수컷은 손가락 정도로 아주 작아요..

물속을 자유롭게 다니는 어류

어류는 물속에 사는 물고기 종류를 말해요. 대부분 아가미로 호흡하고, 몸은 헤엄치기에 알맞은 유선형이며, 다양한 모양의 지느러미가 있어요. 전시실의 물고기 표본을 보면 사는 곳에 따라 크게 다섯 종류로 나뉘어요. 물고기가 사는 곳의 물살의 세기와 수압 등 환경이 어떻게 다른지 알아보면서 물고기의 생김새와 어떤 연관이 있는지도 생각해 보세요.

물과 땅 양쪽에서 살 수 있는 양서류

땅 위에서도 물속에서도 살기 때문에 양서류라는 이름이 붙은 동물이에요. 허파와 피부로 숨을 쉬는 양서류는 땅 위의 환경에 적응한 최초의 척추동물이에요. 전 세계에 4천500종이 살고, 우리나라에는 21종이 살고 있어요. 이 동물들은 다 자라면 꼬리가 없어지는 두꺼비나 개구리류와 어른이 되어서도 꼬리가 남아있는 도롱뇽류로 나뉘어요.

■동물 중 여기에 속해요.
- 척추동물
  - 어류
  - 양서류
  - 파충류
  - 조류
  - 포유류
- 무척추동물

> 개구리와 도롱뇽이 친척이었구나!

우리나라에 사는 양서류

우리나라 산과 들에서 볼 수 있는 양서류에는 어떤 것이 있을까요? 전시실의 표본을 보면서 바위 사이, 낙엽 사이, 수풀 사이에서 동물들을 유심히 살펴보세요.

참개구리
논개구리라고도 불리며 가장 흔히 볼 수 있어요.

무당개구리
몸을 뒤집어 배와 가슴의 붉은 색을 드러내 몸에 독이 있음을 알려요.

두꺼비
갈색의 등에 우둘투둘한 혹들이 있어요.

도롱뇽
어릴 때에는 얼굴 옆의 겉아가미로 숨을 쉬지만 크면 폐로 숨을 쉬어요.

뱀이나 거북은 파충류예요

뱀에게 물렸어요

사람들이 산이나 들에서 뱀에게 물리면 독에 중독될까봐 걱정을 해요. 살모사나 유혈목이와 같은 뱀에 물리면 독 때문에 염증과 고열이 나고, 심할 경우 세포가 죽고 호흡 마비가 일어나기도 하거든요. 하지만 그 외의 다른 뱀에는 독이 없다고 하니 어떤 뱀에게 물렸는지 잘 알아야겠죠?

뱀, 도마뱀, 거북 등의 파충류는 주변 온도에 따라서 몸의 온도가 변하는 변온동물이에요.

약 2억 5천 년 전에 처음 나타나기 시작한 생물로, 가장 먼저 등장한 생물은 거북류이고, 가장 나중에 나타난 것이 뱀류예요. 이런 파충류는 전 세계에 약 6천 종이 살고 우리나라에는 거북과 도마뱀, 뱀 등 32종이 살고 있고, 그중 뱀이 20종이에요.

■동물 중 여기에 속해요.
- 척추동물 ─ 어류
  - 양서류
  - 파충류
  - 조류
  - 포유류
- 무척추동물

뱀의 비늘은 물고기 비늘과 달라요. 피부가 접혀서 이렇게 보이는 거예요.

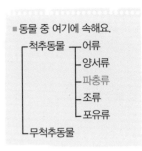

파충류에는 어떤 동물들이 있을까?

파충류는 몸의 온도가 주변 환경에 따라 달라지는 변온동물이에요. 우리나라의 대표적인 파충류에는 무엇이 있는지 알아보아요.

살모사
강한 독을 가진 뱀으로 풀밭이나 돌무더기에 살며 쥐나 개구리를 먹어요.

무자치
숲속 물가에서 사는 독이 없는 뱀이에요.

줄장지뱀
적에게 위험을 느끼면 스스로 꼬리를 끊고 도망가는데, 후에 꼬리가 다시 자라요.

남생이
민물과 육지에 걸쳐 생활하는 거북의 한 종류예요.

양서류와 파충류는 어떻게 다를까요?

축축한 피부를 가진 양서류와 파충류는 비슷하게 생긴 것이 같은 종류처럼 보여요. 특히 거북과 같은 파충류는 땅 위와 물속에서 모두 살 수 있어서 양서류와 다른 점을 찾기 어렵지요. 그럼, 양서류와 파충류가 어떻게 다른지 비교해 볼까요?

파충류와 양서류는 둘 다 주변의 온도에 따라 체온이 바뀌는 변온동물이에요. 그리고 알을 낳아서 번식을 해요. 그러나 양서류는 물렁물렁한 우무질로 싸여 있는 알을 물속에 낳지만, 파충류는 얇고 딱딱한 껍질에 싸인 알을 땅 위에 낳는다는 차이점이 있어요. 그리고 사는 곳이 달라요. 양서류는 물과 땅에서 모두 살지만 파충류는 대부분 육지에 사는데 바다나 물에 사는 악어와 거북과 같은 종류도 있어요. 사는 곳이 다르기 때문에 숨 쉬는 방법도 달라요. 양서류는 새끼 때에는 물속에서 아가미로 숨을 쉬지만 자라서 땅 위에 올라오면 폐와 피부로 숨을 쉬어요. 하지만 파충류는 폐로만 숨을 쉬지요.

이 외에도 심장에 차이가 있어요. 양서류의 심장은 2심방* 1심실*로 되어 있고, 파충류의 심장은 2심방 불완전 2심실이에요. 또한 새끼를 만들어 번식을 하는 방법도 달라요. 양서류는 암컷이 알을 낳아두면 수컷이 와서 정액을 뿌리고 가는 체외수정을 해요. 이와 달리 파충류는 암컷과 수컷이 짝짓기를 하는 체내수정을 한답니다.

생김새는 비슷하지만 전혀 다른 종류랍니다.

* **심방** : 몸에서 심장으로 들어온 피가 모이는 곳이에요.
* **심실** : 심장에서 몸으로 피를 보내는 곳이에요.

개구리는 양서류에 속해요.

뱀은 파충류에 속해요.

하늘을 훨훨 나는 조류

하늘을 날 수 있는 새를 조류라고 하는데, 몸은 깃털로 덮여 있고 큰 날개가 있어 먼 곳까지 이동할 수 있어요. 새 중에는 하늘을 날지 못하는 종류도 있지만 대부분 몸의 구조는 같아요. 새의 날개는 앞다리가 변형된 것이고, 부리는 입이 변형된 거예요. 조류는 체온을 일정하게 유지하는 항온동물이며, 알을 낳아 새끼를 키워요.

새는 몸무게가 1.8그램 정도인 아주 작은 벌새 종류부터 154킬로그램에 이르는 커다란 타조까지 전 세계에 1만여 종이 서식하고 있어요. 그중 우리나라에는 꿩, 참매, 두루미 등 500여 종이 살고 있어요.

■동물 중 여기에 속해요.

```
┌ 척추동물 ─┬ 어류
│           ├ 양서류
│           ├ 파충류
│           ├ 조류
│           └ 포유류
└ 무척추동물
```

환경에 따라 겉모양이 달라요

새들은 사는 곳이나 생태에 따라서 부리나 발 모양이 달라요. 바위 틈이나 구멍 속에서 벌레를 잡아먹는 새들은 긴 부리가 있어요. 그리고 물에서 사는 새들은 발에 물갈퀴가 있지요. 이렇게 동물들은 자신의 환경에 맞게 적응해 살아간답니다.

우리나라를 찾는 철새

우리나라에서 번식을 하지 않고 다시 돌아가는 새들이 있어요. 바로 철새인데, 우리나라에서 한 철을 살고 돌아가는 겨울 철새와 여름 철새도 있고, 그냥 지나가는 나그네새도 있지요. 어떤 새들이 우리나라를 거쳐 어디로 갈까요? 가창오리와 재두루미는 시베리아와 몽골에서 번식하고 우리나라에 10월에 와서 겨울을 나고 다시 돌아가요. 후투티는 우리나라에서 여름을 나고 동남 아시아의 따뜻한 곳으로 날아가요. 붉은어깨도요는 봄과 가을에 한국을 지나가는 철새로, 시베리아에서 번식하고 오스트레일리아 등으로 내려가지요.

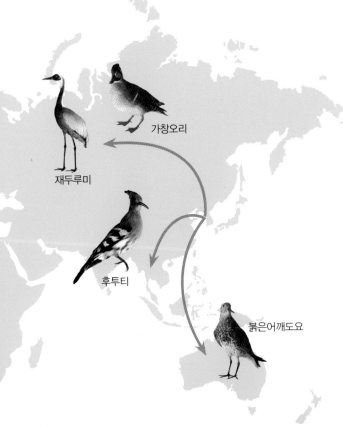

가창오리

재두루미

후투티

붉은어깨도요

우리나라에서 볼 수 있어요

아름다운 우리나라에는 어떤 새들이 살고 있을까요? 산과 들에 사계절을 사는 텃새들은 비교적 쉽게 볼 수 있지만, 특별한 모습으로 사는 새들도 있어요. 어떤 새들이 있는지 잘 살펴보세요.

산과 들에서 만나요
우리나라의 산과 들, 작은 연못 등에서 둥지를 틀고 살아요.

쇠오리

꾀꼬리

어치

파랑새

호랑지빠귀

까마귀

나무에 살아요
단단한 부리로 딱딱한 나무에 구멍을 뚫고 살아요.

오색딱다구리

청딱다구리

작은 동물을 잡아 먹어요
맹금류라고 불리는 종류로 작은 새나 쥐 등을 잡아 먹어요.

참매

말똥가리

올빼미

황조롱이

바다에 살아요
바닷가에서 물고기를 잡아먹으며 살아요.
이 가운데 왕눈물떼새와 재갈매기는 철새랍니다.

왕눈물떼새

괭이갈매기

재갈매기

젖을 먹여 기르는 포유류

포유류는 새끼를 낳아 젖을 먹여 키우는 동물이에요. 털이 있어서 항상 체온이 일정한 항온동물이며, 대부분 다리가 4개이고, 심장은 2심방 2심실로 되어 있는 가장 발달한 형태의 동물이에요. 사람도 여기에 속해 있어요.

우리나라의 포유류는 125종이 있는데, 그 가운데 육식동물인 호랑이, 늑대, 여우는 이미 멸종하였거나 야

■ 동물 중 여기에 속해요.

```
            ┌ 어류
            ├ 양서류
   척추동물 ─┼ 파충류
            ├ 조류
            └ 포유류
  └ 무척추동물
```

우리의 호랑이

조선 시대의 민화에도 자주 등장하는 호랑이는 옛날 우리 민족에게 친숙한 존재였어요. 1900년대 초까지만 해도 인왕산호랑이, 백두산호랑이, 금강산 호랑이가 살았고 쉽게 볼 수 있었지요. 하지만 일제 강점기에 마구 잡아 수가 줄어 남한에서는 야생 호랑이를 볼 수 없답니다.

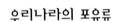

우리나라의 포유류

전시실에는 호랑이, 노루, 산양 등 우리나라에 살고 있는 동물들의 표본 20여 종이 있어요. 어떻게 생겼는지 어떤 특징이 있는지 잘 살펴보아요.

수달
천연기념물 제330호로 털아 아주 반질거리고 고와요. 물가에서 작은 물고기를 먹고 살아요.

고라니
노루와 비슷하나 수컷의 송곳니가 길게 나와 있어요.

삵
만주살쾡이라고도 하며, 한국 전쟁 이후 수가 줄어 볼 수 없어요.

청설모
청서라고도 하며 다람쥐처럼 밤, 도토리 등 나무 열매를 먹어요.

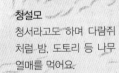

생에 남아 있는 수가 매우 적어요. 특히 남한에는 없는 '우는토끼', '시라소니'와 같은 동물은 북한에 남아 있다고 해요. 그리고 우리나라의 대표적인 초식동물로는 노루, 산양, 고라니 등이 있어요.

여기서 **잠깐!**

동물의 뼈라고요?

동물의 뼈를 표본으로 만든 것을 골격표본이라고 해요. 이 뼈는 무슨 동물의 골격표본인지 이름을 찾아 써 보세요.

(   )

도움말 물개과의 바다 포유류로 우는 소리가 사자와 비슷해요.

정답은 72쪽에

호랑이
몸이 2미터 정도로 큰 맹수지만 고양이과 동물이랍니다.

오소리
너구리와 비슷하며 털이 잿빛이에요.

족제비
몸에서 지독한 냄새가 나며 털이 아주 부드러워요.

노루
몸은 누런 갈색이고, 엉덩이에 흰털이 있어요.

여우
몸길이는 70센티미터 정도이며 주둥이가 길고 뾰족해요.

생물이 달라져요, 변이와 종분화

생물이 같은 종인데 달라보이는 것을 '변이'라고 해요. 한 집단 안의 개체나 집단 간에 유전적, 환경적 영향으로 여러 가지 다른 특징이 생기는 현상이지요. 변이가 일어나면 눈으로 보기에는 크기나 생김새, 무늬 등이 달라져서 서로 다른 종류처럼 보이지만 종이 달라지는 것은 아니랍니다. 변이가 일어나는 원인으로는 생태 환경, 집단 차이, 나이에 따른 차이, 계절에 따른 차이와 돌연변이 등이 있어요.

생태
생물이 살아가는 모습을 말해요.

생태 환경에 따른 변이

강에서 태어난 새끼 송어는 1~2년가량 강에서 살다가 바다로 가는데, 일부는 강에 남아요. 강에 남은 것을 산천어라고 해요. 송어에 비해 몸집이 작고 무늬가 남아 있어요. 소라는 사는 장소에 따라 모양이 달라요. 물살이 센 지역의 소라는 떠내려가지 않기 위해 뿔이 많아요. 반대로 물살이 잔잔한 바다의 소라는 뿔이 없어요.

강에 남은 산천어   바다로 간 송어

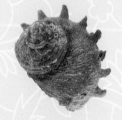 
물살이 센 곳의 소라   물살이 잔잔한 곳의 소라

집단에 따른 변이

같은 종류의 왕자팔랑나비라고 해도 제주도와 육지의 나비는 날개의 무늬가 달라요. 이렇게 서로 다른 환경에서 오랫동안 멀리 떨어져 있으면 형태나 성질을 변하기도 해요.

제주도의 왕자팔랑나비

육지의 왕자팔랑나비

돌연변이

유전자를 구성하는 DNA에서 일어나는 변화예요. 쏘가리의 유전자에 돌연변이가 일어나서 황쏘가리가 된 것처럼 생물체의 의지와는 상관없이 일어나며 후손에게 유전이 되기도 해요.

쏘가리

황쏘가리

형태적으로만 달라 보이는 변이와는 달리 아예 다른 종으로 나뉘기도 해요. 이렇게 하나의 종이 형태적, 유전적으로 서로 다른 둘 이상의 종으로 나뉘는 것을 '종분화'라고 해요.

원래는 같은 종의 생물이 높은 산이나 바다를 사이에 두고 떨어져 지내다가 오랜 시간이 지난 뒤 다른 종이 되는 경우가 많아요. 이렇게 종이 나뉘는 것을 이소적 종분화라고 하지요. 또, 염색체가 변하면서, 또는 짝짓기 행동이 달라져서 다른 종이 되기도 해요.

같은 종류였다가 완전히 남이 되는 거예요.

멀리 떨어져 있어요

육지에 사는 노루귀와 울릉도의 섬노루귀는 원래 같은 종이었는데, 오랜 기간 떨어져 지내면서 크기도 모양도 다른 새로운 종으로 나뉘었어요.

울릉도의 섬노루귀

육지의 노루귀

짝짓기 행동이 달라요

비슷하게 생긴 청개구리와 수원청개구리가 다른 종이라는 것은 짝짓기 행동을 보면 알 수 있어요. 울음소리도 다르고 짝짓기 장소, 시기가 모두 다르지요.

청개구리
4월부터 논둑에서 짝짓기를 하며, 전국적으로 쉽게 볼 수 있어요.

수원청개구리
5월부터 모 위에서 짝짓기를 하며, 경기도와 충청도에 살아요.

멸종될지도 몰라요

서식지
동물이 생활하며 머무는 곳이에요.

도래지
철새와 같은 동물이 지나가다 몸을 쉬는 곳이에요.

지금까지 살펴본 많은 동식물들 중 어떤 종들은 서식지나 도래지가 줄어들면서 수가 줄어들고 있어요. 게다가 사람들이 동물을 함부로 잡고 자연을 훼손하여 어떤 동식물은 세상에서 사라질 위험에 처하게 되었어요. 이런 생물을 '멸종 위기 야생동식물'이라고 해요.

환경부에서는 우리나라의 멸종 위기 야생동식물을 정도에 따라 1급과 2급으로 나누어 지정했어요. 늑대, 나도풍란과 같은 60종의 동식물이 1급으로, 하늘다람쥐, 가시오갈피나무 솜다리 등 171종이 2급으로 지정되었지요. 총 207종의 지정 동식물은 사는 환경을 조사하고, 유전자 검사 등을 하여 다양한 방법으로 관리되고 있답니다.

지금 보호하지 않으면 못 보게 되요!

사라질 위기에 처한 동물들

환경부에서 멸종 위기 야생동식물을 1·2급으로 나누어 지정하여 관리하고 있어요. 1급으로 지정된 동물은 2급으로 지정된 것들에 비해서 멸종될 가능성이 높다는 의미예요.

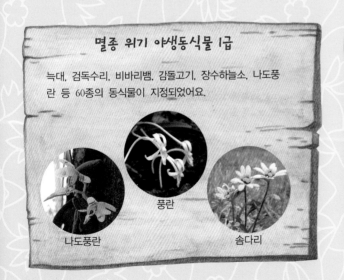

멸종 위기 야생동식물 1급

늑대, 검독수리, 비바리뱀, 감돌고기, 장수하늘소, 나도풍란 등 60종의 동식물이 지정되었어요.

나도풍란

풍란

솜다리

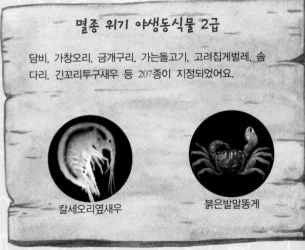

멸종 위기 야생동식물 2급

담비, 가창오리, 금개구리, 가는돌고기, 고려집게벌레, 솜다리, 긴꼬리투구새우 등 207종이 지정되었어요.

칼세오리옆새우

붉은발말똥게

우리나라에만 있어요

전 세계에서 우리나라에만 살고 있는 생물이 있는데, 이를 바로 고유종이라고 해요. 지금까지 밝혀진 우리나라의 고유종은 모두 총 2천 289종이에요.

어떤 생물이 고유종임을 밝히는 것은 쉬운 일이 아니에요. 우리나라와 가까운 나라에는 겉모습이나 생태가 비슷한 동식물이 많거든요. 예를 들어 멧토끼는 중국의 토끼와 같은 종으로 알려져 있었어요. 하지만 유전자 분석을 통해서 우리나라의 고유종으로 밝혀냈고, '레푸스 코레아누스'라는 새로운 학명을 붙였어요. 또, 아무르산개구리 역시 연구를 통해 새로이 한국산개구리라는 이름을 얻었어요. 이처럼 끊임없는 연구와 관심이 우리나라의 고유종을 찾아낼 수 있게 하지요.

멧토끼
우리나라 고유종으로 밝혀진 뒤에 '레푸스 코레아누스'라는 학명을 새로 얻었어요.

우리나라에만 있는 고유종

끊임없는 연구를 통해 밝혀낸 우리의 고유종에 무엇이 있는지 알아보세요.

바늘영겅퀴

통가리

한국산개구리

고리도롱뇽

금강초롱꽃

제2전시실과 제3전시실

사람을 둘러싼 환경

　　수많은 동식물은 자연 속에서 하나의 환경을 만들고 있어요. 우리는 이것을 생태계라

고 해요. 1층에서 생태계의 다양한 구성 요소인 동식물을 만나 보았다면, 이번에는 2층으

로 올라가서 각 생물이 자연 속에서 어떻게 어울리며 사는지 알아보아요. 2층의 제2전시

실에서는 각각의 동식물들이 실제 우리나라 자연환경 속에서 어떤 모습으로 살고 있는

지 생생하게 볼 수 있답니다. 제3전시실에서는 우리가 가진 생물자원의 가치를 다양한

표본과 전시물을 보면서 느낄 수 있어요. 그리고 제주도의 색다른 생태계를 옮겨 놓은 곳

자왈생태관도 둘러보아요.

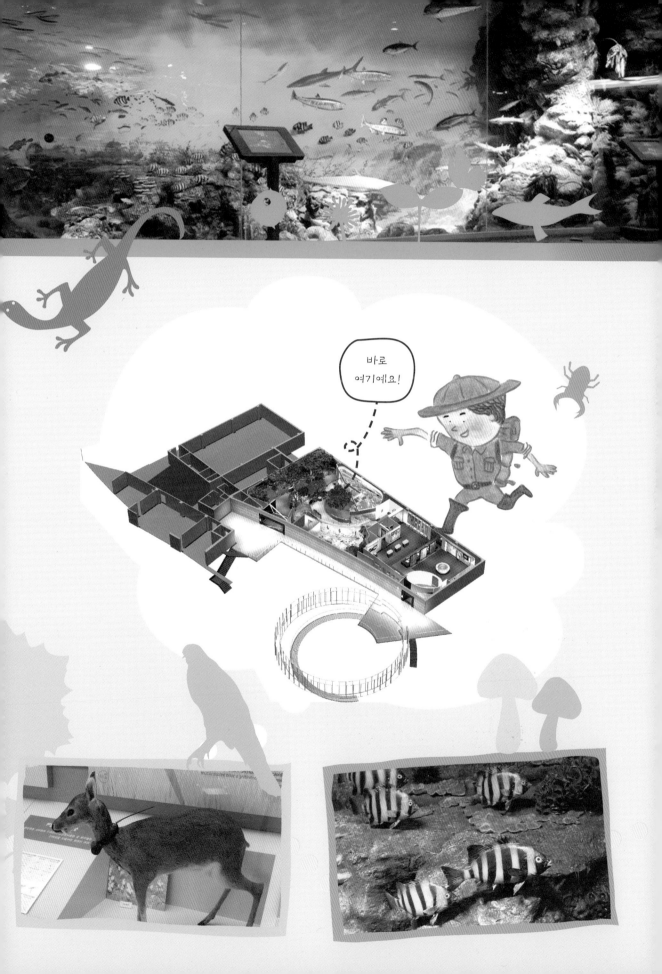

여기는 우리들의 보금자리

2층의 제2전시실에서 산과 들, 강과 바다 등 다양한 우리나라 자연의 모습을 살펴보아요. 수풀 사이에서, 또 맑은 물속에서 어떤 생물이 살고 있을까요? 지금부터 눈을 크게 뜨고 들어가 볼까요?

산에 살아요

처음에 보이는 숲은 우리나라 중부 지역 산속의 대표적인 모습을 나타낸 산림 생태계예요. 이곳은 참나무과 나뭇잎처럼 잎이 넓으면서 가을이 되면 색이 변하고 낙엽이 되어 떨어지는 낙엽활엽수 숲이에요. 다람쥐가 좋아하는 도토리는 참나무과의 열매예요. 이 나무 사이로 다양한 동식물들이 살고 있어요. 한번 찾아보세요.

들여다 보세요

땅속에는 누가 살까요?

왼쪽 언덕 아래의 굴 속에서는 두더지와 뱀을 볼 수 있어요. 이 가운데 두더지는 땅속에 사는 대표적인 동물이에요. 두더지는 눈이 작고 시력이 나쁘지만 냄새를 잘 맡아서 땅속을 잘 다닐 수 있어요. 그리고 튼튼하고 긴 손톱으로 굴을 잘 파지요.

동굴 속에는 누가 있을까요?

캄캄한 동굴 속에 사는 박쥐는 어두워도 부딪히지 않고 먹이를 잘 찾아요. 박쥐의 몸에서 미세한 초음파가 나와서 물체의 질감, 크기, 거리, 방향을 알 수 있거든요. 동굴 안에 전시된 박쥐는 우리나라에서 쉽게 볼 수 있는 관박쥐로, 유럽에서는 멸종 위기종이에요.

여기서
잠깐!

멧돼지를 만져보세요.

산림 생태계 옆에는 커다란 멧돼지 한 마리가 있어요. 멧
돼지의 표본을 만져 본 다음 느낌을 써 보세요.

_____

_____

☞정답은 72쪽에

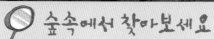 숲속에서 찾아보세요

너구리
굴 속에서 자고 밤에 움
직이는 야행성이에요.

산양
멸종 위기종으로 산의
바위에서 살아요.

생강나무
줄기나 앞을 뜯으면 생
강 냄새가 나요.

수리부엉이
천연기념물 제324호로,
작은 동물을 사냥해요.

물박달나무
나무 껍질이 회색이며 얇
은 조각으로 벗겨져요.

호수와 강에 살아요

물살의 흐름이 달라요

강은 물살의 흐름에 따라 상류와 중류, 하류 지역으로 나눌 수 있어요. 물살이 센 상류에는 돌이 크고 물고기는 작은 종류가 많아요. 그리고 하류로 갈수록 강바닥에는 모래가 많고 물고기는 덩치가 큰 것이 많지요. 이것은 결국 물살의 차이 때문이에요.

산림 생태계의 오른쪽에는 한반도 중부 지역에서 볼 수 있는 호소·하천의 생태계를 만날 수 있어요. 호소는 호수와 늪, 연못, 풀이 무성한 습지를 말하고, 하천은 강을 뜻해요.

크고 작은 나무와 풀로 둘러싸인 이곳에는 여러 종류의 물고기와 물에 사는 여러 곤충을 볼 수 있어요. 그리고 곤충이나 물고기를 먹는 새들도 있답니다. 강, 호수 등의 환경을 구경하면서 우리나라 호소·하천에는 어떤 생물들이 살고 있는지 알아보아요.

🔍 호수와 강가에서 찾아보세요

청호반새
등은 파란색이고 머리는 검정색, 턱밑과 목은 흰색, 나머지는 주황색으로 물가에 살아요.

쏘가리
《본초강목》에는 '대어'라고 불렸고, 최근에는 멸종 위기에 놓였어요.

DMZ와 민통선이 생물을 지켜 냈어요

DMZ에 사는 희귀종인 하늘다람쥐예요.

한국 전쟁이 끝나고 한반도에는 사람들이 마음대로 다닐 수 없는 곳이 생겼어요. 바로 비무장지대를 말하는 DMZ와 민통선이라 부르는 민간인 출입통제선 안쪽이에요. 50년 넘게 사람의 출입이 통제되어 훼손되지 않은 자연 그대로예요.

DMZ에는 야생동식물이 5천929종, 멸종 위기 야생동식물이 101종이나 살고 있었어요. 하늘다람쥐, 산양, 수달, 삵, 저어새 등의 희귀 야생동물과 금강초롱꽃, 정향풀, 왜솜다리와 같은 식물도 1천여 종이 되지요. 또, 철원평야에는 매년 두루미와 재두루미 등 멸종 위기 새들이 찾아와서 쉬고 가지요.

DMZ를 벗어나 민통선 안에는 습원*인 용늪이 있어요. 이곳은 해발 1천300미터의 높은 곳에 있는 희귀한 습원으로 4천 년 전에 살았던 식물의 모습이 퇴적층에 남아 있어요. 습지 보호를 위해 체결된 국제협약인 람사르협약에서 우리나라 습지 중 1호로 지정된 곳이지요. DMZ와 민통선은 민족의 가슴 아픈 역사가 담긴 곳이지만, 생물들에게는 귀중한 보금자리가 되었답니다.

* 습원 : 풀로 덮힌 들판으로 습기가 많은 곳이에요.

DMZ 안의 철원평야는 멸종 위기의 철새들이 쉬어가지요.

살아 있는 자연사박물관이라 불리는 용늪에 동의나물 꽃이 피었어요.

갯벌에 살아요

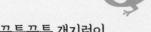

호소·하천 생태계 전시를 지나서 발 아래를 바라보면 투명한 바다 밑으로 갯벌 생태계가 펼쳐져 있어요. 갯벌은 썰물 때 바닷물이 빠져나간 바닷가에 펼쳐진 땅이에요. 모래나 개펄로 된 갯벌은 게와 고둥 등의 다양한 무척추동물과 어류가 알을 낳는 곳이며 몸을 숨길 수 있는 곳이에요. 뿐만 아니라 갯벌은 육지에서 나오는 중금속과 여러 가지 오염 물질로부터 바닷물을 깨끗하게 걸러 주고, 해일이나 파도로부터 바닷가가 깎여 나가는 것을 막아 준답니다.

꿈틀꿈틀 갯지렁이

갯벌의 작은 구멍 속에는 갯지렁이와 같은 무척추동물이 많아요. 갯지렁이는 갯벌을 건강하게 만드는 일꾼이에요. 갯벌 흙 속의 유기물을 먹으며 갯벌을 이리저리 헤집고 다니면, 그 자리마다 길이 생겨서 갯벌에 산소를 공급하는 역할을 하거든요.

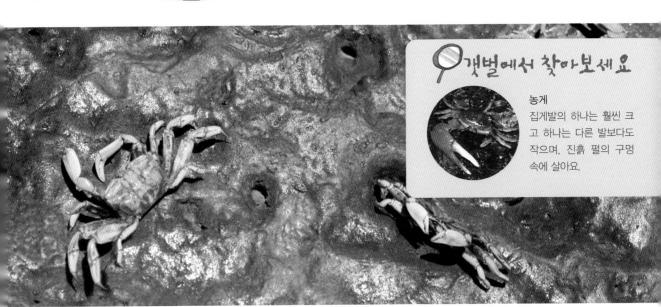

갯벌에서 찾아보세요

농게
집게발의 하나는 훨씬 크고 하나는 다른 발보다도 작으며, 진흙 펄의 구멍 속에 살아요.

여기서 잠깐! 독도야, 안녕!

독도의 주변 바다에는 오징어, 명태 등이 많이 잡히고, 전복과 소라, 게 등의 수산 자원이 있어요. 이러한 생물 자원을 지키기 위해 우리가 무엇을 해야 할지 써 보세요.

_____

_____

☞ 정답은 72쪽에

깊고 깊은 바닷속에 살아요

커다란 유리 속으로 보이는 해양 생태계 전시물은 울릉도와 독도의 깊은 바다 골짜기에 사는 생물들을 보여 주어요. 바닷속의 해조류가 많은 곳에는 여러 생물들이 모여 살지요. 그곳에서는 생물들이 먹이를 쉽게 구하고, 적으로부터 안전하게 몸을 숨기고 알을 낳을 수 있거든요. 바다 밑바닥에는 불가사리, 성게, 해면, 소라 등의 무척추동물들이 살고, 위로는 돌돔, 쏨뱅이와 같은 물고기가 살아요. 또, 물속에는 눈에 보이지 않지만 없어서는 안 되는 식물플랑크톤도 있어요. 이것은 다른 생물의 먹이가 되고 바다를 깨끗하게 정화시키는 역할을 해 준답니다.

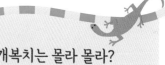

개복치는 몰라 몰라?

전시물 왼쪽 위에 있는 덩치가 큰 물고기는 개복치예요. 이 물고기의 학명은 '몰라 몰라'라고 하는데, 이는 라틴어로 맷돌이라는 의미예요. 맷돌처럼 생긴 모습만큼이나 재미있는 이름이죠?

🔍 바닷속에서 찾아보세요

다금바리
제주도 근처의 바다에서 보이는 열대성 어류로, 야행성이에요.

쏨뱅이
겨울에는 깊은 곳에서 살다가 봄에 얕은 곳으로 움직여요.

돌돔
바다 밑 해초가 무성한 암초 지대에서 살기 때문에 돌돔이라고 해요.

생물자원은 소중해요

제3전시실에서는 생물자원에 대해 귀중한 정보를 알려 줘요. 우리가 가진 생물자원의 소중함에 대해 생각해 볼 수 있는 곳이지요.

지하자원처럼 생물도 자원이 되지요.

우리나라의 자연 속에는 약 10만 종의 생물이 살고 있어요. 이 중 알려진 생물 수는 5만 2천628종으로, 동물이 3만 675종, 식물이 7천926종, 원생생물은 2천372종이 있어요. 이 생물들은 우리에게 의식주를 만드는 재료가 될 뿐만 아니라 휴식처를 제공하고, 에너지원이 되기도 해요. 그래서 생물을 생물자원이라고 말하며 소중하게 여기고 보호하려고 하지요.

어떤 곳에 이용할까요?

생물자원은 새로운 물질을 만드는 재료가 되기도 해요. 지렁이, 불가사리를 써서 화장품을 만들고, 홍합의 단백질을 활용하여 수술할 때 사용하는 천연접착제를 만들었지요.

★ 생물자원을 보호합시다

옛날부터 우리나라의 생물자원을 소중히 여기고 보호하려는 노력이 있었어요. 시대에 따라 어떤 노력이 있었는지 여러 가지 책들을 살펴보세요.

《삼림경제》
조선 숙종 때 홍만선이 쓴 책으로, 우리 조상들이 생물자원을 연구하여 자연과학과 기술에 대해 쓴 책이에요.

《한국식물개관》
러시아 식물분류학자인 팔리빈이 1898년에 발표한 논문으로 우리나라 식물을 서양에 최초로 소개했어요.

《조선식물향명집》
일제 강점기에 우리나라 분류학자들이 1937년에 발간한 것으로, 한국 최초의 자생식물 국명 목록집이랍니다.

홍합

불가사리

이처럼 생물은 우리의 병을 치료해 주는 약이 되기도 해요. 특히 한의학에서는 동식물을 이용한 520개 종류의 한약재가 쓰이고 있어요. 약초로 식물의 잎, 뿌리, 꽃, 줄기, 씨나 열매를 쓰고, 동물 중에 누에, 지네, 해삼 등을 약재로 쓰지요. 그 외에도 전복의 껍데기나 하늘다람쥐의 배설물도 약재로 쓴답니다. 특히 우리나라에서 나는 인삼은 세계적으로 뛰어난 약효로 인정받는 생물 자원이에요.

생물이 가진 여러 가지 특성을 응용하여 새로운 기술을 개발하기도 해요. 민들레 씨앗이 바람을 타고 나는 원리를 이용하여 낙하산을, 박쥐가 내는 초음파를 이용해서 레이더 기술을 개발했어요. 최근에는 거미와 같은 절지동물을 보고 로봇을 만들기도 했어요.

내 똥은 약!

똥을 약으로 쓴다는 말을 들어 보았나요? 오령지는 하늘다람쥐, 날다람쥐의 똥을 말린 약의 이름이에요. 오령지는 따뜻한 성질과 쓰고 단맛이 있어 신경계나 간에 작용하여 진통과 지혈의 효능이 있답니다.

생물자원을 이용해 새로운 물질을 만들어 내요.

다양한 생물이 함께 살아야 해요

인구가 증가하고 산업화와 도시화가 진행되면서 자연은 갈수록 파괴되고 사라지는 동식물이 점점 많아지고 있어요. 이러다가 사람조차 살 수 없는 곳이 되고 말 거예요. 그래서 세계인들은 자연을 지키고 환경을 보전해야 한다는 것에 공감하고 함께 노력하기로 했어요. 멸종 위기에 처한 야생동식물의 국제거래에 관한 협약, 중요한 습지를 보호하려는 람사르협약, 이동성 야생동물종 보전협약 등을 맺으면서 말이에요. 자연을 보호하는 것에 그치지 않고 각 나라의 자생 동식물에 대한 권리도 인정해 주기로 했어요. 그래서 1992년 생물다양성협약을 체결했어요.

그 외에도 미국, 영국, 일본 등 선진국과 필리핀, 칠레, 페루, 아르헨티나 등의 나라는 생물자원 관리 법령을 관리하고 있어요. 우리나라에서도 국립생물자원관을 중심으로 이런 연구와 노력을 하고 있답니다.

생물주권이 뭐예요?

어떤 생물이 우리나라의 자생종이라고 하면 우리나라가 그 생물을 자원으로 개발할 수 있는 권리를 가진다는 것이 바로 생물주권이에요. 그래서 다른 나라에서 우리의 자생종을 생산하거나 자원으로 개발할 경우에 우리나라의 허락을 받아야 하고 우리는 경제적 이익을 얻을 수 있지요. 그래서 생물주권을 확실히 세워야 하는 것이 또 다른 경제 대국이 되는 방법이랍니다.

생물다양성협약
세계 여러 나라의 사람들이 모여 각국의 생물자원의 주권에 대해 인정해 주기로 약속했어요.

생물자원 조사를 위한 장비

야생의 동물과 식물을 조사하는 데에는 여러 가지 장비가 필요해요. 전시실에는 동물의 위치를 추적하는 발신기와 GPS수신기, 동물을 잡는 덫, 곤충 채집에 쓰이는 포충망, 크기를 재는 버니어캘리퍼스 등이 있어요.

이 가운데에 발신기는 동물에게 달아서 인공위성으로 위치를 추적하며 연구하는 기구예요. 바로 고라니의 목에 달고 있는 발신기예요. 철새의 발목에 끼운 가락지는 철새의 이동 경로를 연구하는 기구로, 나라마다 색이 지정되어 있어서, 어느 나라에서 온 철새인지 쉽게 알 수 있어요. 우리나라는 도요새의 경우 흰색과 주황색의 가락지를 쓰지요.

이처럼 여러 가지 방법으로 꾸준히 연구한다면 우리의 생물자원을 지켜 나갈 수 있을 거예요.

여러 가지 표본들

생물을 살아 있는 모습으로 관찰하기 위해 만든 것을 표본이라고 해요. 표본은 생물의 종류에 따라 다른 방법을 만들어요. 압착건조표본, 종자표본, 목재표본, 골격표본, 액침표본, 건조표본, 슬라이드표본 등이 있어요. 그 외에도 DNA표본이 있는데 유전물질인 DNA를 추출하여 정제한 것으로 영하 80°C의 초저온 상태에 보관한 거예요.

야생동물을 조사하려면 무엇이 필요할까요?

잠자리채가 '포충망'이에요.

GPS수신기
동식물이 관찰된 곳의 위치를 알 수 있어요.

발신기
인공위성으로 동물의 위치를 추적할 수 있는 발신기를 고라니의 목에 매단 거예요.

가락지
새의 다리에 끼워서 어디에서 온 새인지 확인하는 거예요.

쥐덫
쥐나 작은 동물을 산 채로 잡는 데 쓰는 도구예요.

곶자왈생태관을 둘러보세요

2층 전시실을 보고 나오면 유리문 뒤로 제주도의 특별한 생태 환경을 보여 주는 곶자왈생태관이 있어요. 제주도 방언인 곶자왈은 '곶'은 숲, '자왈'은 풀이 우거진 곳을 의미해요. 특히 '곶'은 옛날 한라산의 화산이 분출할 때 용암이 바위 덩어리를 쪼개서 만든 지형을 말해요. 세계에서 유일하게 열대 북방한계 식물과 한대 남방한계 식물이 함께 있는 독특한 숲이지요. 제주도에는 네 곳의 곶자왈이 있는데, 모두 푸른 숲속에 희귀한 동식물이 자라는 생태계의 보물 창고예요.

국립생물자원관의 곶자왈생태관에는 제주도에서 가져다 심어 놓은 여러해살이 나무와 풀이 있어요. 이곳의 다양한 희귀식물을 둘러보며 아름다운 곶자왈을 경험해 보고, 우리나라의 독특한 자연환경에 대한 관심도 가져 보세요.

곶자왈은 세계인이 인정하는 자연환경이에요.

녹나무
어린 줄기와 나무껍질이 녹색이라 녹나무라고 해요. 거북선을 만들 때 썼을 만큼 단단해요.

꽝꽝나무
줄기를 불 속에 넣으면 순간적으로 팽창을 하면서 '꽝꽝' 하는 소리를 내면서 타지요.

황근
높이 1~2미터 정도의 나무로, 제주도 바닷가에서 담황색 꽃이 피는 희귀종이에요.

죽절초
겨울에 붉은 열매가 맺히는 나무로, 돈내코 계곡에서만 나는 희귀 식물이에요.

속새
줄기에 규산질이라는 물질이 많이 쌓여서 나무처럼 단단해요.

홍지네고사리
우리나라 울릉도나 남쪽의 섬에서 자라는 식물로 붉은색이에요.

한라구절초
제주도에서 발견되어 한라구절초라 불리며 가늘게 갈라지며 흰꽃이 피어요.

송악
소가 잘 먹는다고 소밥나무라고도 불렀어요. 줄기와 잎은 약재로 쓰여요.

돈내코 계곡
한라산 꼭대기에서 내려오는 하천 중 가장 긴 계곡인 돈내코 계곡을 축소해 만든 모형이에요. 돈내코 계곡은 멧돼지들이 물을 먹던 계곡의 입구라는 뜻으로, 여러 가지 풀과 나무가 우거지고 제주도롱뇽, 산개구리 등이 살고 있는 깨끗한 환경이에요.

야외체험학습
손끝으로 느껴 보세요

국립생물자원관 밖에는 살아 있는 생물자원을 체험할 수 있는 공간이 있어요. 크고 작은 나무와 풀은 물론이고 작은 연못도 있어요. 자세히 살펴보면 특별한 주제로 나무끼리 모아 놓고, 재미있게 꾸며 놓은 곳이에요. 어떤 특징을 가진 나무들인지, 푯말을 보며 알아보고 각 나무의 잎이나 나무껍질을 보며 특징을 알아보아요. 그리고 연못을 둘러보며 작은 생태계를 체험해요. 그런 다음, 정문 방향으로 발길을 돌려 야생화단지로 가 보아요. 멀리 가지 않아도 계절마다 피고 지는 들꽃을 직접 만날 수 있답니다. 천천히 걸으며 자연의 내음을 맡아 보세요.

미로원과 생태연못

전시관 밖으로 나오면 왼쪽에 구불구불한 길이 있어요. 나무로 만든 미로 속에서 길 찾기 놀이를 할 수 있는 곳이에요. 미로원은 측백나무로 만들었는데, 뾰족뾰족한 비늘 모양의 측백나무 잎이 인상적이에요. 측백나무 사이로 천천히 걸으며 특이한 나무 향기를 맡으며 관찰해 보세요.

들여다 보세요

측백나무 미로원의 옆에는 우리나라에 살고 있는 오리, 곤충, 개구리 등의 모형들이 있어요. 가까이 가서 자세히 살펴보며 어떤 소리를 낼지 상상해 보세요.

🔍 측백미로원에서 찾아보세요

측백나무
침엽수 중의 하나로, 잎이 작은 비늘 모양으로 모여 있어요. 정원이나 울타리에 심어요.

미로원을 빠져나오면 작은 다리가 놓여 있는 생태연못이 있어요. 이
곳에서는 여러 가지 물고기와 곤충과 식물을 관찰할 수 있어요. 연못
과 주변에는 부처꽃, 박하, 노랑꽃창포 등의 습지식물을 볼 수 있어
요. 그리고 연못 속에는 잉어, 돌고기, 피라미, 참갈겨니, 꺽지가 자
유롭게 살고 있어요. 또 잠자리, 하루살이, 강도래, 날도래의 애벌레
와 장구애비, 게아재비, 물자라, 물방개, 검정물방개 등도 볼 수 있
어요.

습지식물
습기가 많은 축축한 땅에서
자라는 식물이에요.

1. 연못에 들어가지 말기!
2. 돌 던지지 말기!
3. 다른 동물을 연못에 풀어
   주지 않기!

생태연못에서 찾아보세요

부처꽃
물가에서 피는 여름
꽃으로, 부처님에게
이 꽃을 바쳤대요.

잉어
붕어와 비슷하게 생
겼지만, 입 주변에 두
쌍의 수염이 있어요.

끼리끼리 모여 있는 주제원

주제원은 특별한 주제로 여러 식물을 묶어서 소개하는 곳이에요. 제일 먼저 활엽수 지역을 본 다음, 암석원, 섬유와 염료식물원, 희귀식물원, 다년생초원, 약용식물원, 침엽수 지역을 차례로 둘러 보세요. 이러한 이름이 무엇을 뜻하는지 푯말을 읽어 보고, 나뭇잎의 모양, 껍질의 모양 등을 보며 직접 구별해 보세요.

다년생초원
겨울에 땅 위의 부분이 죽어도 봄이 되면 다시 싹이 나는 여러해살이 풀이 모여 있어요. 원추리, 배초향 등이 있어요.

원추리

배초향

침엽수 지역
잎 모양이 바늘처럼 생긴 나무가 모인 곳이에요. 노간주나무, 소나무, 전나무, 측백나무 등이 일년 내내 푸르름을 자랑하고 있어요.

노간주나무

약용식물원
이곳에는 약재로 이용이 되고 있는 식물들이 있어요. 엉겅퀴, 머위, 당귀, 음나무, 삼지구엽초 등이 자라고 있어요.

머위

섬유와 염료식물원
천을 만드는 재료가 되는 섬유식물과 천을 염색할 수 있는 염료식물을 모았어요. 닥나무, 물푸레나무, 감나무 등이 있어요.

닥나무

여기서 **잠깐!**

어디를 말하는 걸까요?

주제원의 여러 장소 중에서 일년 내내 푸른 잎을 볼 수 있는 곳은 어디인지, 찾아서 이름을 써 보세요.

도움말　활엽수와 반대되는 특징을 가진 종류에요.

정답은 72쪽에

암석원

바위와 돌의 좁은 틈 사이에 뿌리를 내리고 사는 식물이 모여 있는 곳이에요. 여기에는 백리향, 바위취, 눈측백 등이 있어요.

바위취

백리향

활엽수 지역

이곳에는 잎이 넓은 나무들이 모여 있어요. 맛있는 도토리 열매가 달리는 상수리나무와 봄에 흰 꽃이 피는 병아리꽃나무 외에도 때죽나무, 참회나무, 개옻나무도 찾아볼 수 있어요.

병아리꽃나무

희귀식물원

멸종 위기에 놓인 식물들을 만날 수 있는 곳이에요. 이 가운데 개느삼, 미선나무, 둥근잎꿩의비름 등은 우리나라에서만 볼 수 있는 고유종이에요.

둥근잎꿩의비름

개느삼

나무의 생김새를 눈여겨 보세요.

산과 들에 핀 꽃, 야생화단지

전시관 앞에 있는 주제원에서 저 멀리 남쪽에 보이는 온실 옆에는 야생화단지가 있어요. 야생화단지는 우리나라에 살고 있는 자생식물들 중에서 야생에서 아름다운 꽃을 피우는 종류를 모아서 심어 놓은 곳이에요. 봄, 여름, 가을 계절마다 피고 지는 꽃들이 어떤 특징을 가지고 있는지 알아보세요.

꽃마다 피는 때가 달라요.

구절초
9월이 되면 줄기가 아홉 마디가 된다고 해서 이름 붙여진 꽃이에요. 꽃이 달린 풀 전체를 약재로 써요.

동의나물
습지에서 4~5월에 피는 노란 꽃으로, 동의나물이나 입금화라고도 불러요. 나물이라고는 하지만 독이 있으므로 먹으면 안 되요.

돌단풍
잎이 단풍잎과 비슷해서 붙은 이름이에요. 5월에 긴 꽃대에서 붉은 빛을 띤 흰 꽃이 피어요.

용담
보라색 꽃은 종처럼 생긴 모양에 가장자리가 5개로 갈라져요. 뿌리가 용의 쓸개처럼 쓴 맛이 나서 용담이라고 해요.

앵초
물가나 풀밭의 습지에서 자라며 6~7월에 자주색 꽃을 피워요. 꽃 모양이 앵도나무 꽃과 비슷해서 붙은 이름이에요.

여기서
잠깐!

오늘은 어떤 꽃이 피었나요?

야생화단지에는 계절마다 월마다 다른 꽃
이 피어요. 우리가 찾아간 날에 핀 꽃은 어
떤 것인가요?
아래에 이름을 쓰고 오른쪽에 그려 보세요.

↳ 정답은 72쪽에

복수초
설련화 또는 얼음새꽃이라고 불
리며, 낮에는 꽃잎이 벌어졌다가
밤에는 오므라들어요.

절굿대
개수리취라고도 하며, 햇볕이 잘
드는 풀밭에서 자라요. 어린 잎은
먹고 뿌리는 부스럼에 좋은 약재
예요.

미역취
어린 잎을 나물로 먹는데 미역
맛이 난다고 해요. 돼지나물이라
고도 하며, 7~10월에 노란 꽃이
피어요.

은방울꽃
꽃의 모양이 은방울을 닮았어요.
5~6월에 흰 꽃이 피고, 은은하
고 좋은 향기를 풍겨서 향수화라
고도 불러요.

뻐꾹나리
산기슭에서 자라는 꽃으로, 우리
나라 고유종이에요. 꽃의 모양이
특이하고 화려해서 많이 재배되
고 있어요.

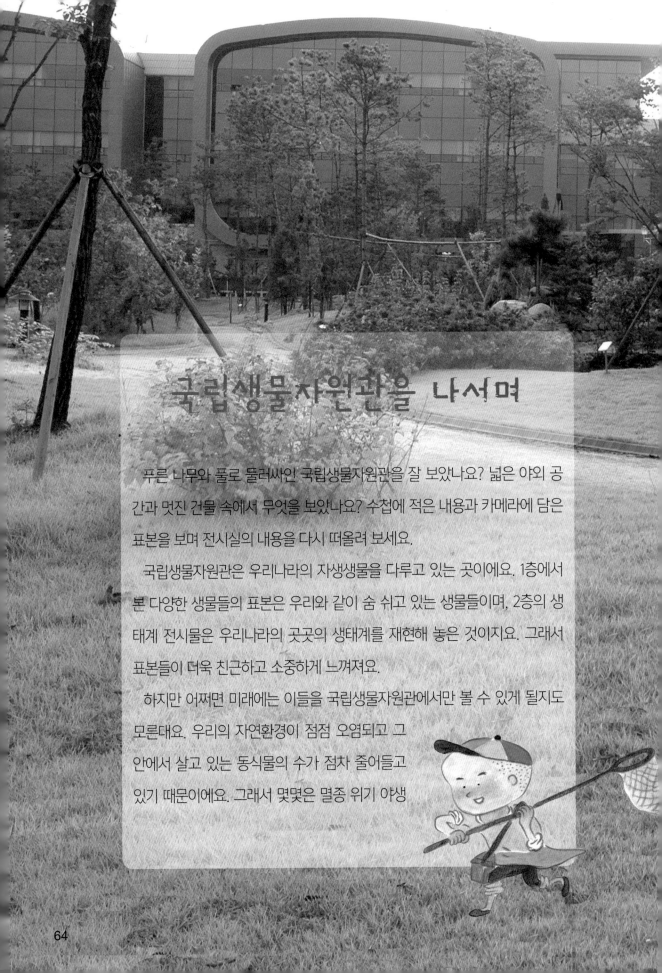

국립생물자원관을 나서며

푸른 나무와 풀로 둘러싸인 국립생물자원관을 잘 보았나요? 넓은 야외 공간과 멋진 건물 속에서 무엇을 보았나요? 수첩에 적은 내용과 카메라에 담은 표본을 보며 전시실의 내용을 다시 떠올려 보세요.

국립생물자원관은 우리나라의 자생생물을 다루고 있는 곳이에요. 1층에서 본 다양한 생물들의 표본은 우리와 같이 숨 쉬고 있는 생물들이며, 2층의 생태계 전시물은 우리나라의 곳곳의 생태계를 재현해 놓은 것이지요. 그래서 표본들이 더욱 친근하고 소중하게 느껴져요.

하지만 어쩌면 미래에는 이들을 국립생물자원관에서만 볼 수 있게 될지도 모른대요. 우리의 자연환경이 점점 오염되고 그 안에서 살고 있는 동식물의 수가 점차 줄어들고 있기 때문이에요. 그래서 몇몇은 멸종 위기 야생

동식물로 지정되어 보호를 받고 있어요.

　이런 상황이 그저 가슴 아프고 슬픈 일이라는 생각에서 끝날 일은 아니에요. 생물자원이 점차 경제적 이익이 되어가는 요즘에 생물자원이 점차 사라지는 것은 국가 차원의 큰 손실이 될 수도 있거든요. 생물자원을 보호하는 것은 생명의 소중함을 알고 지키는 것일 뿐 아니라 우리나라가 경제 대국으로 나아가기 위해 필요한 일이에요.

　일찍이 세계 여러 나라들은 자신의 생물주권을 확고히 하고 나라 안팎으로 생물자원을 조사하고 확보하기 위해 노력하고 있어요. 이런 움직임에서 우리나라도 국립생물자원관을 만들고 노력하기 시작한 것이지요. 앞으로 생물자원을 더 연구하고 열심히 노력하면 소중한 우리 자연을 지키는 것은 물론 우리나라를 생물자원 부국으로 만들 수 있을 거랍니다.

나는 국립생물자원관 박사!

국립생물자원관을 꼼꼼히 둘러보았나요? 이번에는 우리나라 곳곳의 생물에 대해 체계적으로 생각해 보는 시간을 준비했어요. 책 내용을 차근차근 되새겨 본다면 다음 문제를 쉽게 풀 수 있을 거예요.

1 어떻게 구분할까요?

세계의 수많은 생물들은 크게 다섯 가지로 나눌 수 있어요.
아래의 그림을 보고 빈칸에 알맞은 이름을 써 주세요.

보기	㉠ 진균계	㉡ 원생생물계

2 우리에게 피해를 주는 것은 무엇일까요?

원핵생물계의 세균들과 진균계의 곰팡이와 같은 생물들은 우리에게 큰 도움을 주기도 하지만 피해를 주기도 해요. 보기 안의 생물을 보고 우리에게 피해를 주는 것을 골라 빈칸에 기호를 써 보세요.

보기	㉠ 고초균	㉡ 백선균	㉢ 푸른곰팡이	㉣ 효모

(   )

❸ 식물 O, X 퀴즈를 풀어요.

아래의 내용을 잘 읽고 식물에 대한 이야기 중에서 맞으면 O를, 틀리면 ×를 써 주세요.

1. 식물은 크게 종자식물, 비종자식물로 나뉘어요. (　　)

2. 관다발은 물과 영양분이 이동하는 통로예요. (　　)

3. 씨앗이 없는 식물은 번식을 할 수 없어요. (　　)

4. 꽃가루가 암술머리에 옮겨가는 것을 꽃가루받이라고 해요. (　　)

5. 쌍떡잎식물은 관다발 안에 부름켜가 있어서 부피생장을 할 수 있어요. (　　)

6. 관다발이 없어도 씨앗이 있는 식물도 있어요. (　　)

❹ 바닷속으로 가자!

아래의 그림을 보고 어떤 종류의 동물이 있는지 아래의 보기에서 골라서 써 주세요.

보기	해면동물　　유즐동물　　자포동물　　태형동물　　동문동물　　연체동물

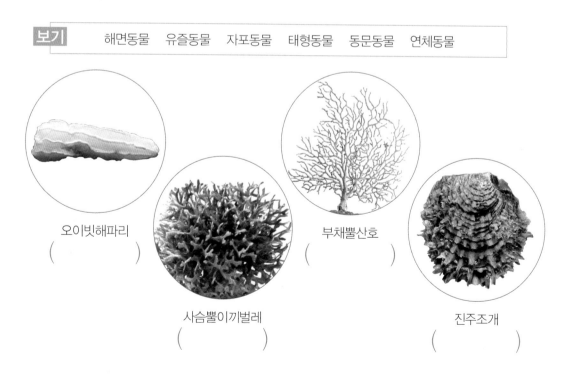

오이빗해파리
(　　　　　)

사슴뿔이끼벌레
(　　　　　)

부채뿔산호
(　　　　　)

진주조개
(　　　　　)

☞정답은 72쪽에

⑤ 표본과 이름을 연결해요.

아래에는 우리나라의 여러 가지 척추동물이 있어요.
동물의 사진을 보고 설명과 연결한 다음 어떤 종류의 동물인지 종류와도 연결해 주세요.

풀망둑 •　　　• 　　　　　　　• 포유류

고라니 •　　　• 　　　　　　　• 어류

남생이 •　　　• 　　　　　　　• 조류

두꺼비 •　　　• 　　　　　　　• 파충류

파랑새 •　　　• 　　　　　　　• 양서류

6 속담 찾기

우리나라의 속담 중에서 포유류 동물이 나온 것을 세 가지 써 주세요.

1. _____

2. _____

3. _____

7 알려 주세요!

한국산개구리는 옛날에는 아무르산개구리라는 이름으로 알려져 있었어요. 하지만 연구를 통해 우리나라 고유종임이 밝혀져서 이름이 바뀌었어요. 이번에는 책 속에서 멧토끼의 이야기를 찾아보세요. 그런 다음 빈칸에 알맞은 내용을 쓰고 우리가 어떤 노력을 해야 할지 생각을 써 보세요.

옛날에는 어떻게 알려져 있었나요?	( )의 토끼와 같은 종으로 알려져 있었어요.
어떻게 바뀌었나요?	( )검사를 통해 우리나라 고유종으로 밝혀졌어요.
그 뒤로 무엇이 달라졌나요?	학명이 ( )으로 바뀌었어요.
앞으로 우리는 어떤 노력을 해야 할까요?	....

정답은 72쪽에

체험학습실 돌아보기

국립생물자원관을 돌아다니면서 여러 생물들의 표본과 사진을 보았어요. 이번에는 살아 있는 생물의 모습을 보며 직접 경험해 보세요. 체험학습실 안에서 두 눈을 크게 뜨고 이리저리 조작해 보면서 생물의 세계를 돌아보세요.

❶ 우아! 살아 있는 동물이에요

네모난 창 안에 다양한 동물들이 있어요. 장수풍뎅이처럼 나무에 사는 곤충, 여러 물속 생물, 무섭지만 신기한 뱀들을 관찰하며 우리나라의 파충류와 양서류를 만나 보세요.

◆오늘의 일지

살아 있는 생물을 관찰해 보면서 관찰 일지를 만들어 보세요.

1. 날짜와 관찰 대상을 써 주세요.

2. 특징을 글로 나타내어 보세요.

3. 그림을 그리거나 사진을 찍어 붙이면 더욱 잘 알 수 있어요.

4. 더욱 알고 싶은 것은 조사해 메모해도 좋아요.

그림을 그리면 나중에 알기 쉽겠죠?

② 동물 친구들의 똥 구경

어디서 똥 냄새가 나지 않나요? 앗, 이게 다 누구의 똥일까? '똥만 봐도 알 수 있어요!' 코너에서 여러 동물의 똥을 구경하고 슬쩍 만져도 보세요.

직접 보니 정말 신기해!

③ 척척 생물 박사

그 밖에도 자연 속 친구들이 어떤 소리를 내는지 들려주는 '동물들의 오케스트라' 코너, 애니메이션을 통해 알아보는 '우리들의 삶터를 지켜 주세요' 코너, 새처럼 나는 느낌으로 체험해 보는 '철새의 이동' 코너, 여러 가지 모션 게임까지 준비되어 있으니 다양한 체험을 해 보세요!

정답

여기서 잠깐!

12쪽 1) 백선균   2) 푸른곰팡이   3) 동충하초,
       4) 효모   5) 노란다발
17쪽 물의 흐름에 따라, 자기 자신의 힘으로, 동물의
       도움으로
27쪽 돼지회충 (선)   괴물유령갯지렁이 (환)
       회충 (선)   두토막눈썹지렁이 (환)
       왕털갯지렁이 (환)
37쪽 큰바다사자
45쪽 각자 다른 답이 나올 거예요.
       예) 털이 억세고 길어요.
48쪽 각자 다른 답이 나올 거예요.
       예) 독도의 아름다운 바다에 생물자원이 다양하고
       많아요. 그래서 일본이 자기네 땅이라고 우겼나봐요.
       독도에 대한 연구를 열심히 해서 빼앗기지 않아야
       해요.
61쪽 침엽수 지역
63쪽 각자 국립생물자원관에 방문한 날에 본 꽃을 그리고
       책에서 무엇인지 이름과 설명을 찾아보세요.

나는 국립생물자원관 박사!

❶ 어떻게 구분할까요?

세계의 수많은 생물들은 크게 다섯 가지로 나눌 수 있어요.
아래의 그림을 보고 빈칸에 알맞은 이름을 써 주세요.

(진균계)
식물계
동물계
(원생생물계)
원핵생물계

❷우리에게 피해를 주는 것은 무엇일까요?

원핵생물계의 세균들과 진균계의 곰팡이와 같은 생물들은 우리에게 큰 도움을
주기도 하지만 피해를 주기도 해요. 보기 안의 생물을 보고 우리에게 피해를 주는
것을 골라 빈칸에 기호를 써 보세요.

(ⓒ 백선균)

❸ 식물 O, X 퀴즈를 풀어요.

아래의 내용을 잘 읽고 식물에 대한 이야기 중에서 맞으면 O를, 틀리면 ×를
써 주세요.
1. 식물은 크게 종자식물, 비종자식물로 나뉘어요. (×)
2. 관다발은 물과 영양분이 이동하는 통로예요. (O)
3. 씨앗이 없는 식물은 번식을 할 수 없어요. (×)
4. 꽃가루가 암술머리에 옮겨가는 것을 수분, 꽃가루받이라고 해요. (O)
5. 쌍떡잎식물은 관다발 속의 부름켜가 있어서 부피생장을 할 수 있어요. (O)
6. 관다발이 없어도 씨앗이 있는 식물도 있어요. (×)

❹ 바닷속으로 가자!

아래의 그림을 보고 어떤 종류의 동물이 있는지 아래의 보기에서 골라서 써 주세요.

오이빗해파리	사슴뿔이끼벌레	부채뿔산호	진주조개
(유즐동물)	(태형동물)	(자포동물)	(연체동물)

❺ 표본과 이름을 연결해요.

아래에는 우리나라의 여러 가지 척추동물이 있어요. 동물의 사진을 보고 설명과
연결한 다음 어떤 종류의 동물인지 종류와도 연결해 주세요.

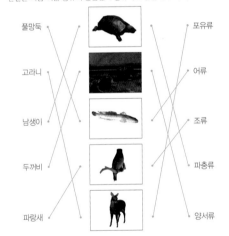

풀망둑   포유류
고라니   어류
남생이   조류
두꺼비   파충류
파랑새   양서류

❻ 속담 찾기

우리나라의 속담 중에서 포유류 동물이 나온 것을 세 가지 써 주세요.

1. 서당개 삼 년이면 풍월을 읊는다.
2. 하룻강아지 범 무서운 줄 모른다.
3. 소 잃고 외양간 고친다.

❼ 알려 주세요!

옛날에는 어떻게 알려져 있었나요?	(중국)의 토끼와 같은 종으로 알려져 있었어요.
어떻게 바뀌었나요?	(유전자) 검사를 통해 우리나라 고유종으로 밝혀졌어요.
그 뒤로 무엇이 달라졌나요?	학명이 (레푸스 코레아누스)로 바뀌었어요.
앞으로 우리는 어떤 노력을 해야 할까요?	끊임없는 관심을 가지고 고유종을 찾기 위해 연구해야 하며, 찾아낸 고유종을 보호하기 위해 노력해야 해요.

사진

국립생물자원관

3p(국립생물자원관 전경), 6p(제1전시실 전경1, 진두발, 고초균, 락토바실루스 불가리쿠스, 류코노스톡 김치아이, 속새, 노란다발), 8p(금강초롱, 소라), 11p(반달말, 유공충류, 야광충, 우뭇가사리, 검둥감태, 지충이, 구멍갈파래, 사카이대마디말), 12p(백선균, 푸른곰팡이, 동충하초, 호모), 13p(현미경, 관다발 확대, 꽃가루 확대), 14p(봉황이끼, 우산이끼, 솔이끼, 뿔이끼), 15p(솔잎난, 석송, 속새, 가는쇠고사리), 16p(씨솔방울, 소나무, 비자나무, 노간주나무, 스트로브잣나무, 주목, 주목의 꽃가루솔방울), 17p(민들레, 연, 봉선화, 도꼬마리), 19p(상수리나무, 어리연꽃, 는쟁이냉이, 애기앉은부채, 좀비비추, 양하), 20p(제1전시실 전경2, 부채뿔산호, 쏘가리와 황쏘가리, 노루), 22p(오소리), 23p(왕눈물떼새, 띠빗해파리, 오이빗해파리, 불똥해면, 예쁜이해면, 맵시해면), 25p(검정깃히드라, 꽃모자해파리, 부채뿔산호, 노무라입깃해파리, 빨간망이끼벌레, 사슴뿔이끼벌레, 완보동물, 동문동물), 26p(제주곁도마뱀선충, 참갑오징어, 낙지, 백합, 진주조개, 입뿔고둥, 말전복), 27p(돼지회충, 괴물유령갯지렁이, 회충, 두토막눈썹참갯지렁이, 왕털갯지렁이), 28p(닭새우, 톱장절게, 거북손, 산왕거미, 두줄깡충거미, 황닷거미), 29p(호랑나비, 어리호박벌, 장수풍뎅이, 고추잠자리, 벼메뚜기, 대왕노린재), 30p(메기, 은어, 풀망둑, 숭어, 아귀), 31p(참개구리, 무당개구리, 두꺼비, 도롱뇽), 32p(살모사, 무자치, 줄장지뱀, 남생이), 34p(가창오리, 후투티, 붉은어깨도요, 재두루미), 35p(파랑새, 어치, 까마귀, 꾀꼬리, 쇠오리, 호랑지빠귀, 황조롱이, 참매, 올빼미, 말똥가리, 청딱다구리, 오색딱다구리, 괭이갈매기, 재갈매기, 왕눈물떼새), 36p(수달, 고라니, 삵, 청설모), 37p(족제비, 호랑이, 노루, 여우, 큰바다사자 골격표본), 38p(송어와 산천어, 소라, 왕자팔랑나비), 39p(노루귀, 섬노루귀, 수원청개구리와 청개구리), 40p(나도풍란, 풍란, 칼세오리옆새우, 긴꼬리투구새우, 솜다리, 붉은발말똥게), 41p(멧토끼, 바늘엉겅퀴 , 퉁가리, 한국산개구리, 고리도롱뇽, 금강초롱꽃), 42p(제2전시실 전경, 갯벌 전시, 홍합), 43p(고라니, 돌돔), 44p(갈매기, 땅 속, 동굴 속), 45p(산림 생태계, 너구리, 산양, 생강나무, 수리부엉이, 물박달나무), 46p(호소 하천 전시, 청호반새, 쏘가리), 48p(갯벌 생태계, 독도 동영상), 49p(해양 생태계, 다금바리, 쏨뱅이, 돌돔, 개복치), 50p(산림경제, 한국식물개관, 조선식물향명집), 52p(홍합), 53p(GPS 수신기, 쥐덫), 54p(곶자왈생태관 전경, 녹나무, 꽝꽝나무, 황근, 죽철초, 솔잎난, 홍지네고사리, 한라구절초, 송악, 돈내코계곡 모형), , 56p(야외 전경, 측백나무, 놀이터, 미역취, 은방울꽃, 생태연못), 58p(앵초), 59p(부처꽃, 잉어), 60p(병아리꽃나무, 닥나무, 백리향, 바위취, 둥근잎꿩의비름, 개느삼, 머위, 노간주나무, 원추리, 배초향), 62p(구절초, 돌단풍, 동의나물, 앵초, 용담, 미역취, 복수초, 절굿대, 뻐꾹나리), 64p(전시관 외부 전경), 70p(체험학습실)

초등학교 교과서와 관련된 학년별 현장 체험학습 추천 장소

1학년 1학기 (21곳)	1학년 2학기 (18곳)	2학년 1학기 (21곳)	2학년 2학기 (25곳)	3학년 1학기 (31곳)	3학년 2학기 (37곳)
철도박물관	농촌 체험	소방서와 경찰서	소방서와 경찰서	경희대자연사박물관	IT월드(과천정보나라)
소방서와 경찰서	광릉	서울대공원 동물원	서울대공원 동물원	광릉수목원	강원도
시민안전체험관	홍릉 산림과학관	농촌 체험	강릉단오제	국립민속박물관	경희대자연사박물관
천마산	소방서와 경찰서	천마산	천마산	국립서울과학관	광릉수목원
서울대공원 동물원	월드컵공원	남산골 한옥마을	월드컵공원	국립중앙박물관	국립경주박물관
농촌 체험	시민안전체험관	한국민속촌	남산골 한옥마을	기상청	국립고궁박물관
코엑스 아쿠아리움	서울대공원 동물원	국립서울과학관	한국민속촌	서대문자연사박물관	국립국악박물관
선유도공원	우포늪	서울숲	농촌 체험	선유도공원	국립부여박물관
양재천	철새	갯벌	서울숲	시장 체험	국립서울과학관
한강	코엑스 아쿠아리움	양재천	양재천	신문박물관	남산
에버랜드	짚풀생활사박물관	동굴	선유도공원	경상북도	남산골 한옥마을
서울숲	국악박물관	고성 공룡박물관	불국사와 석굴암	양재천	롯데월드 민속박물관
갯벌	천문대	코엑스 아쿠아리움	국립중앙박물관	경기도	국립민속박물관
고성 공룡박물관	자연생태박물관	옹기민속박물관	국립민속박물관	이화여대자연사박물관	삼성어린이박물관
서대문자연사박물관	세종문화회관	기상청	전쟁기념관	전쟁기념관	서대문자연사박물관
옹기민속박물관	예술의 전당	시장 체험	판소리	천마산	선유도공원
어린이 교통공원	어린이대공원	에버랜드	DMZ	한강	소방서와 경찰서
어린이 도서관	서울놀이마당	경복궁	시장 체험	화폐금융박물관	시민안전체험관
서울대공원		강릉단오제	광릉	호림박물관	경상북도
남산자연공원		몽촌역사관	홍릉 산림과학관	홍릉 산림과학관	월드컵공원
삼성어린이박물관		국립현대미술관	국립현충원	우포늪	육군사관학교
			국립4·19묘지	소나무 극장	해군사관학교
			지구촌민속박물관	예지원	공군사관학교
			우정박물관	자운서원	철도박물관
			한국통신박물관	서울타워	이화여대자연사박물관
				국립중앙과학관	제주도
				엑스포과학공원	천마산
				올림픽공원	천문대
				전라남도	태백석탄박물관
				경상남도	판소리박물관
				허준박물관	한국민속촌
					임진각
					오두산 통일전망대
					한국천문연구원
					종이미술박물관
					짚풀생활사박물관
					토탈야외미술관

4학년 1학기 (34곳)	4학년 2학기 (56곳)	5학년 1학기 (35곳)	5학년 2학기 (51곳)	6학년 1학기 (36곳)	6학년 2학기 (39곳)
강화도	IT월드(과천정보나라)	갯벌	IT월드(과천정보나라)	경기도박물관	IT월드(과천정보나라)
갯벌	강화도	광릉수목원	강원도	경복궁	KBS 방송국
경희대자연사박물관	경기도박물관	국립민속박물관	경기도박물관	덕수궁과 정동	경기도박물관
광릉수목원	경복궁 / 경상북도	국립중앙박물관	경복궁	경상북도	경복궁
국립서울과학관	경주역사유적지구	기상청	덕수궁과 정동	고성 공룡박물관	경희대자연사박물관
기상청	경희대자연사박물관	남산골 한옥마을	경상북도	국립민속박물관	광릉수목원
농촌 체험	고창, 화순, 강화 고인돌유적	농업박물관	경희대자연사박물관	국립서울과학관	국립민속박물관
서대문자연사박물관	전라북도	농촌 체험	고인쇄박물관	국립중앙박물관	국립중앙박물관
서대문형무소역사관	고성 공룡박물관	서울국립과학관	충청도	농업박물관	국회의사당
서울역사박물관	충청도	서울대공원 동물원	광릉수목원	롯데월드 민속박물관	기상청
소방서와 경찰서	국립경주박물관	서울숲	국립공주박물관	몽촌토성과 풍납토성	남산
수원화성	국립민속박물관	서울시청	국립경주박물관	민주화현장	남산골 한옥마을
시장 체험	국립부여박물관	서울역사박물관	국립고궁박물관	백범기념관	대법원
경상북도	국립서울과학관	시민안전체험관	국립민속박물관	서대문자연사박물관	대학로
양재천	국립중앙박물관	경상북도	국립서울과학관	서대문형무소 역사관	민주화 현장
옹기민속박물관	국립국악박물관 / 남산	양재천	국립중앙박물관	서울역사박물관	백범기념관
월드컵공원	남산골 한옥마을	강원도	남산골 한옥마을	조선의 왕릉	아인스월드
철도박물관	농업박물관 / 대법원	월드컵공원	농업박물관	성균관	서대문자연사박물관
이화여대자연사박물관	대학로	유명산	롯데월드 민속박물관	시민안전체험관	국립서울과학관
천마산	롯데월드 민속박물관	제주도	충청도	경상북도	서울숲
천문대	몽촌토성과 풍납토성	짚풀생활사박물관	서대문자연사박물관	암사동 선사주거지	신문박물관
철새	불국사와 석굴암	천마산	성균관	운현궁과 인사동	양재천
홍릉 산림과학관	서대문자연사박물관	한강	세종대왕기념관	전쟁기념관	월드컵공원
화폐금융박물관	서울대공원 동물원	한국민속촌	수원화성	천문대	육군사관학교
선유도공원	서울숲	호림박물관	시민안전체험관	철새	이화여대자연사박물관
독립공원	서울역사박물관	홍릉 산림과학관	시장 체험 / 신문박물관	청계천	중남미박물관
탑골공원	조선의 왕릉	하회마을	경기도	짚풀생활사박물관	짚풀생활사박물관
신문박물관	세종대왕기념관	대법원	강원도	태백석탄박물관	창덕궁
서울시의회	수원화성	김치박물관	경상북도	해인사 고려대장경과 장경판전	천문대
선거관리위원회	승정원 일기 / 양재천	난지하수처리사업소	옹기민속박물관	호림박물관	우포늪
소양댐	옹기민속박물관	농촌, 어촌, 산촌 마을	운현궁과 인사동	유니세프 한국위원회	판소리박물관
서남하수처리사업소	월드컵공원	들꽃수목원	육군사관학교	무령왕릉	한강
중랑구재활용센터	육군사관학교	정보나라	이화여대자연사박물관	현충사	홍릉 산림과학관
중랑하수처리사업소	철도박물관	드림랜드	전라북도	덕포진교육박물관	화폐금융박물관
	이화여대자연사박물관	국립극장	전쟁박물관	서울대학교 의학박물관	훈민정음
	조선왕조실록 / 종묘		창경궁 / 천마산	상수허브랜드	상수도연구소
	종묘제례		천문대		한국자원공사
	창경궁 / 창덕궁		태백석탄박물관		동대문소방서
	천문대 / 청계천		한강		중앙119구조대
	태백석탄박물관		한국민속촌		
	판소리 / 한강		해인사 고려대장경과 장경판전		
	한국민속촌		화폐금융박물관		
	해인사 고려대장경과 장경판전		중남미문화원		
	호림박물관		첨성대		
	화폐금융박물관		절두산순교성지		
	훈민정음		천도교 중앙대교당		
	온양민속박물관		한국에너지기술연구원		
	아인스월드		한국자수박물관		
			초전섬유퀼트박물관		